KB212433

용서는 나의 수행
칭찬은 나의 기도

용서는 나의 수행
칭찬은 나의 기도

시골절 주지 정운스님의 소소한 이야기

글 · 사진

정운스님

불교신문사

머리말

　다섯 번째 산문집을 세상에 내놓는다. 『산에 사는 물고기』(2011년) 산문집 이후 10년 만 이다. 책을 내기 위해 글을 쓴 적은 없다. 살면서 놓치고 싶지 않은 일상과 사람들, 기억해 두고 싶은 경험을 글로 옮기다 보니 원고가 모이고 모였다. 이들을 다시 엮어 이름을 지어 세상 밖으로 내보낸다. 불교신문 칼럼 '수미산정'에 한 달에 한 번 꼴로 6년여 간 실린 글이 대부분이다. 시간이 흘러 그때는 적용되었던 것이 지금은 빛이 바래거나 어색해진 느낌도 있는데 신문사의 권유로 용기를 내본다.

　말과 행동이 일치하는 수행승이 되고자 늘 노력한다. 바삐 움직이는 것도 그 때문이다. 습관이기도 하다. 이제는 좀 느리게 살고 싶은 마음도 있고 주변에서도 권하는데 바뀌지 않는다. 나도 모르게 나는 또 무엇을 하고 있다. 전적으로 습 때문은 아니다. 수행자는 자기를 위한 안락을 즐겨서는 안 된다는 생각이 뼛속 깊이 박혀 있다. 누구에게 준다는 목적이 아니라 내 안에서 꿈틀

거리는 '무언가'를 자연스럽게 드러내 표출하는 그 자체를 스스로 즐기는 참한 수행승이고 싶다.

『한비자』에 나오는 대목이다. 제나라 왕이 자기 영정을 그릴 유명한 화가를 궁으로 불렀다. "세상에 어떤 그림이 가장 그리기 쉽거나 어려운가?" 하고 물었다. 화가는 '개나 말이 가장 그리기 어렵고 귀신을 그리는 것이 가장 쉽다'고 답했다. 보이는 생물은 누구나 품평을 할 수 있지만 형체가 분명치 않으면 평이 어렵기 때문에 내 마음으로 그리면 된다는 것이다. 누가 알아주지 않아도 개의치 않는다. 혹여 개나 말 같은 글을 귀신같이 알아주고 공유하는 도반이 있다면 더 열심히 정진하라는 경책으로 여기겠다.

지식도 지혜도 부족한 천학비재(淺學菲才)가 또 책을 내는 이유는 이런저런 이유로 입 닫고 숨은 도반과 후배 스님들이 용기 내기를 바라는 마음에서다. 백척간두에 선 종단이요 한국불교인데 변화는 더디다 못해 뒤로 물러나는 형국이니 내 잘못인 듯하여 몸 둘 바를 모르겠다. 목소리 높이는 재주라도 살려 종단을 위하고 한국불교를 챙긴다는 것이 상처 주고 아프게 하지 않았는지 걱정이다. 혹시 불편한 내용이나 잘못된 주장이 보이더라도 그간 입은 불은(佛恩)을 티끌만큼이라도 갚고자 하는 정진으로 여겨 주시기를 부탁드린다.

글로써 다 표현하지 못했던 감성의 여운까지도 이 책에 싣고 싶어 직접 빚은 도예작품 사진들을 넣어보았다. 소박한 재주지만 눈여겨 봐주었으면 한다.

용서는 나의 수행, 칭찬은 나의 기도

책이 나오기까지 여러 사람의 도움이 있었다. 원고를 일일이 읽고 다듬는 노력을 아끼지 않은 박부영 상임논설위원, 잠들어 있는 원고를 책으로 엮도록 용기를 일으켜 준 여태동 출판부장, 수미산정과 인연 맺어준 박인탁 부장, 그리고 출판을 허락해 주신 불교신문 사장 정호스님께 감사드린다.

　코로나로 위기에 처해 있는 모든 사람들에게 이 책이 비타민이 되길 바란다.

경자년 우란분절에 만세보령 기슭에서
우건 정운 합장

 이 책의 판매수입은 전국비구니회 복지기금으로 사용됩니다.

차례

용서는 나의 수행, 칭찬은 나의 기도

용서는 나의 수행, **칭찬은 나의 기도**

용서는 나의 수행, 칭찬은 나의 기도

첫째 마당 •

더불어 살기

○

소소한 일상 이야기

일상적인 종교

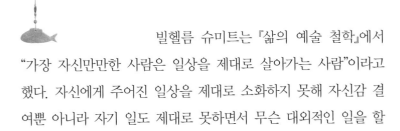 빌헬름 슈미트는 『삶의 예술 철학』에서
"가장 자신만만한 사람은 일상을 제대로 살아가는 사람"이라고
했다. 자신에게 주어진 일상을 제대로 소화하지 못해 자신감 결
여뿐 아니라 자기 일도 제대로 못하면서 무슨 대외적인 일을 할
까 하는 신뢰감을 얻지 못하는 사람을 두고 하는 말이다.

우리는 종종 일상에서 일어나는 작은 일들을 오늘 아니면 내
일 하자는 식으로 간과해 버리는 경우가 많다. 그 별 볼일 없다
고 생각하는 작은 일을 놓치고 미루어 버리면 정작 큰일을 해결
하고자 할 때 제대로 굴러가지 않음을 종종 경험을 했을 것이다.

그러면서도 우리는 익혀 온 오래된 습관에 의해 나의 의지와
상관없이 그대로 반복한다는 것이다. 일상은 가장 사소해 보이지
만 이 작은 일 안에는 큰 힘이 있다는 것을 미처 인지하지 못하
기 때문에 우리는 오류를 범한다. 큰 문제에는 사실 작은 문제
들이 쌓여 있는 것이다. 작은 문제들을 처리함으로써 큰 문제들

은 해결이 된다. 때론 일상을 단지 거추장스러운 일에 지나지 않는다고 치부하지만 일상은 그대로 엄연히 존재한다. 이런 의미에서 본다면 불교는 일상과 긴밀히 연관이 되어 있다. 그래서 다반사(茶飯事)라고 선사들은 표현했다. 틱낫한 선사는 집안일을 마음챙김 수행의 하나로 삼으라고 했다. 예를 들면 "여러분은 설거지를 할 때 잠시 후 마실 차를 생각하거나 얼른 앉아서 차를 마실수 있도록 가능한 설거지를 빨리 끝내려고 할지 모른다. 그렇다면 그것은 여러분이 설거지를 하는 동안 그 시간을 살고 있지 않다는 의미이다. 설거지를 할 때는 설거지가 자기 삶에서 가장 중요한 일이여야 하고 차를 마실 때는 차 마시는 일이 세상에서 가장 중요한 일이여야 한다."라고 했다.

순간순간 일에 집중과 소중함을 일깨워주는 대목이다. 이것을 해결하고 처리하지 않으면 저것을 할 수 없는 경우에 우리들은 이것보다 저것이 중요한 일이라 생각하고 현재 하고 있는 이것이 일상에 방해되는 일이라고 생각한다.

하루 일상의 삶이 일주일의 나를 만들고 일주일의 일상의 삶이 한 달의 나를 만들고 그 한 달의 삶이 일 년의 나를 만들어가는 과정이다. 이런 사소한 일상들이 나를 지배한다는 것이다.

하루 시작이 반복의 연속이라 할지라도 힘들어하거나 짜증을 내어서는 안 된다. 그 이유는 바로 그 일상이 나의 신념이고 종교라는 것이다. 종교라는 의미가 절대자의 힘에 의존하여 인간생활의 고뇌를 해결하고 삶의 궁극적 의미를 추구하는 문화 체계라

용서는 나의 수행, 칭찬은 나의 기도

는 사전적 의미로 볼 때 종교는 멀리 있는 것이 아니라는 것이다. 내 생활 속 깊숙이 늘 언제나 함께하고 있다는 것이다.

감기가 걸리는 일도, 설거지를 하는 일도, 시장을 보러 가는 일도, 진공청소기를 돌리고 세탁을 하는 일도, 차를 마시는 일도, 밥을 먹는 일도… 이 모두는 질서이다. 이 질서들이 무너지면 다른 것을 연결하기가 쉽지 않다는 것이다.

종교, 그리고 깨달음은 멀리 있는 것이 아니라 다반사 속에 있음을 잊지 않는다면 어찌 매순간이 소중하지 않겠는가. 좋은 삶이란 잘 살아가는 삶이다. 잘 살아가는 삶은 주어진 일상을 질서있게 잘 운영하는 것이다. 다른 사람에게 보이는 일상이 아니라 스스로가 만족감을 느끼는 그런 일상이라면 이것이 바로 내가 신앙하는 일상적인 종교라는 것이다.

자신이 무엇을 원하고 있는지, 자신을 방해하고 괴롭히고 있는 일상이 무엇인지 재빨리 알아차린다면 잘못된 일상의 습관은 충분히 조절 가능하다고 본다.

아름다운 회향

지난 1월 31일 박한철 헌법재판소장은 퇴임사에서 이런 말을 했다.

훌륭한 헌법재판이란, "직선, 곡선, 색채가 조화를 이룬 아름다운 음악"이라 했다.

직선은 국가와 사회의 지속성을 의미하고 곡선은 창의성을 말하며, 또 색채가 조화를 이룬 아름다운 음악이라는 것은 다양성을 상징하는 색채가 조화롭게 어우러져 국민의 마음을 편안하고 즐겁게 하는 선율이 되어야 한다는 것이다.

그는 법을 아름다운 예술로 표현하면서 마지막으로 멋진 선시 한 편으로 퇴임사를 마쳤다.

몽과비란상벽허(夢跨飛鸞上碧虛)
시지신세일거려(始知身世一遽廬)
귀래착인한단도(歸來錯認邯鄲道)

산조일성춘우여(山鳥一聲春雨餘)
꿈속에 난새를 타고 푸른 허공에 올랐다가
비로소 이 몸도 세상도 한 움막임을 알았네.
한바탕 행복한 꿈길에서 깨어나 돌아오니
산새의 맑은 울음소리 봄비 끝에 들리네.

이 선시는 송나라 진국태 부인이 대혜 종고 스님에게 보낸 편지 내용으로『서장』에 수록돼 있다.

진국태 부인이 30세에 미망인이 된 이후 40여 년간 수행으로 일관해 왔으며 대혜스님이 인가한 유일한 여성이다.

이 얼마나 아름다운 회향인가.

개인적으로 법이라는 것은 무겁고 늘 경직된 용어라고 생각했다. 이러한 나의 고정관념을 한방에 날려 보내는 박한철 소장의 퇴임사는 한 편의 시를 낭독해 나가는 듯 함축된 생각, 오랜 경험을 통해서 그 사람만이 가지고 있는 독특한 지혜는 예술이었고 사람이었고 창조였고 자유였다. 조각가 요제프 보이스는 모든 사람들은 항상 조각가로 활동하고 있다고 했다.

그것은 발화에서부터 시작된다. 후두가 공기의 흐름을 '조각하면' 단어들이 빚어지면서 우리의 입 밖으로 나오는 것, 이것이 모든 창조 행위의 본질이라는 것이다. 예술은 이전에 한 번도 존재한 적이 없는 그 무엇을 밖으로 이끌어 내는 일이다. 이미 만들어진 법이라는 바탕에 직선도 그리고, 곡선도 그리고 또 색채를 가미하면서 음률을 넣어주는 법, 이것이 우리의 삶이며 질서라는 것이다.

높은 직위에 있으면 축사나 인사말이나 퇴임사를 직접 쓰지 않는 경우가 많다. 누군가가 대필을 해주면 무대 앞에서 읽고 내려오는 행사용 원고이기 때문에 그 행사에서 내가 무슨 말을 했는지 지나고 나면 기억을 하지 못한다. 오랫동안 마음공부를 하지 않고는 이런 퇴임사가 나올 수 없다고 생각한다.

한 단어 한 단어 수행의 올곧은 자세로 되씹으면서 간결하고 호소력 있게, 듣는 이로 하여금 감동하고 진심으로 마음에 영혼까지 담아 전달하는 메시지, 한 편의 드라마틱한 법문이었다.

또 박한철 소장은 2009년도 10억 상당의 부동산을 강화 노인요양시설에 보시한 바 있다. 인사청문회에서 이 문제를 거론하자 "재물이란 잠시 보관하고 관리하고 있다가 때가 되면 돌려주는 것"이라고 답했는데 그의 이 같은 무소유 철학은 불교계에 큰 귀감이 되는 내용이다.

열정을 함께 나누어라

"길은 걷는 것이 아니라 나아가는 것이다. 나아가지 못한 길은 길이 아니다. 길은 모두에게 열려 있지만 모두가 그 길을 가질 수 있는 것은 아니다. 그래서 나는 걷는다."

몇 년 전 인기리에 방영된 케이블채널 tvN 금토 드라마 '미생'에서 짙은 여운을 남긴 마지막 명대사였다. '어떻게든 버텨라. 버틴다는 것은 완생으로 나아간다'는 대사도 공감을 이끌어 내며 많은 박수를 받았다. 부처님 말씀만큼 공감 가는 말이라고 생각했다.

'미생'은 고졸 출신으로 회사에 입사해 부닥치며 성장하고 선배와 갈등을 빚으면서 소통하는 법을 배워 나가는 주인공의 모습을 통해 중간자들의 갈등과 이 시대가 원하는 리더십을 보여주었다. '미생'은 한 조직을 구성한 조직원 개개인의 삶이 치열한 전투라는 법문과 다름없었다. 또한 가치 있는 밥벌이가 무엇인지도 일러주었다. 나는 이 드라마를 통해 수행자이면서 직장 오너로 리더십이 어떤 것인지 다시 한 번 생각하게 됐다.

직장이 원하는 인재상은 고슴도치가 아닌 늑대다. 고슴도
치는 위험이 생기면 바늘 모양의 털을 곤두세운 채 몸을 숨
긴다. 반면 늑대는 무리지어 생활하면서 위험이 닥치면 다
함께 힘과 지혜를 모은다.

용서는 나의 수행, 칭찬은 나의 기도

졸업 시즌이 되면 직장을 구하려는 젊은이들의 전쟁이 벌어진다. 누구나 좋은 직장을 원한다. 그러면 좋은 직장이란 어떤 것일까? 연봉, 적성, 명예, 직종, 복지, 근무시간 모두가 충족되는 것이 좋은 직장일까. '미생'은 "나아가는 것"이라 했다. '완생'은 더 이상 나아갈 수 없기 때문에 완벽하게 머물러 버리는 것이 아닐까. 미생의 과정을 거치지 않고 어떻게 완생의 길로 나아갈 수 있을까? 대부분 젊은이들은 미생의 과정을 거치지 않고 완생의 길을 얻고자 하기 때문에 갈 곳이 없다고 생각한다. 연봉, 적성, 명예, 직종, 복지, 근무시간, 자신이 중요하게 생각하는 한가지라도 충족이 되면 선택해야 한다. 그리고 차근차근 자신의 그릇을 키워 가면 좋은 직장이 될 수 있다.

남들이 하찮게 보는 일이라 할지라도 나름대로 즐겁게 열심히 일하며 보람을 느낀다면 좋은 직장이 된다. 일에 대한 진정한 마음이 자신의 미래다. 직장은 내게 주어진 시간 앞에 부끄럽지 않는 월급을 받았을 때 행복한 것이 아닌가 하는 생각이 든다. 이것이 '미생'이 취준생들에게 주는 법문이다.

직장이 원하는 인재상은 고슴도치가 아닌 늑대다. 고슴도치는 위험이 생기면 바늘 모양의 털을 곤두세운 채 몸을 숨긴다. 직장에서 고슴도치처럼 처신하면 자신은 안전하고 편안할지 모르지만 결국 왕따 신세가 된다. 반면 늑대는 무리지어 생활하면서 위험이 닥치면 다함께 힘과 지혜를 모은다. 직장은 나 혼자 갈 수 없다. 팀이 강해져야 한다. 그래야 내가 몸담고 있는 직장도 강해진다. 동료가 중요한 일을 할 때 내 업무가 아니니까 하고 무관심하고 시기 어린 눈으로 바라 볼 것이 아니라 팔을 걷어붙이고 자신의 일처럼 기꺼이 도움을 줄 수 있는 열정이 있다면 복을 저축하는 길이며 보시의 길이다.

　세상은 다른 사람의 도움 없이 나 혼자의 열정만으로 성공할 수 있는 곳이 아니다. 직장에서 일도 잘하고 남다른 열정이 있는데 인정을 받지 못하는 것은 노하우를 공유할 줄 모르기 때문이다. 일을 오래 하다 보면 자신만이 깨우친 노하우가 있을 것이다. 그 노하우를 나눌 때 자신도 직장도 발전한다. 직장 동료는 경쟁 대상이 아니라 동반자이기 때문이다.

차 마시기

오래 전 차(茶)를 주제로 박사논문을 썼다. 논문 주제는 '차 문화 프로그램이 청소년의 정서적 안정성과 자기효능감에 미치는 효과'이다. 주제처럼 청소년이 차를 통해 다양한 활동을 체험하며 자신을 탐색하고 통찰하여 자신의 능력을 긍정적으로 인식할 수 있도록 도와줄 수 있는 프로그램을 개발하고자 하는 데 연구 목적을 두었다. 이후 실험을 통해 효과가 있음을 입증해 이곳 센터에서는 특화 프로그램으로 자리 잡았다.

논문을 쓰면서 차에 대한 다양한 효능과 문화가 사람의 인품을 한층 더 높여주는 역할을 하는 데도 차보다는 너나할 것 없이 커피를 선호하는 그 이유가 몹시 궁금했었다. 농촌 도시 할 거 없이 대한민국은 커피 천국이다. 절집 지대방에도 커피문화가 정착한 지 오래 되었다고 한다. 차 문화프로그램을 보급하자면 커피문화도 알아야겠다는 생각에 바리스타 자격까지 땄다. 그 이후 내게도 커피를 바라보는 시각에 작은 변화가 일어났다.

그 이전까지 커피는 한 모금도 마시지 못했다. 마시고 나면 손이 떨리고 가슴이 뛰는 증상까지 일어났기 때문이다. 커피를 배우면서 맛을 알아내기 위해 조금씩 접하다 보니 지금은 오전 커피 한 잔이 세포를 일으켜 세워주고 있다. 체질상 한 잔 이상은 마시지 못하고 그 한 잔도 우유가 동반되어야 속이 편하다. 차와 다른 것을 느낀다면 빠른 각성 작용과 기분 변화를 느낄 수 있다. 이는 심장혈관계를 자극하기 때문이라 한다.

하지만 "차의 철학은 단순히 차의 일상적인 의미와 관련된 심미주의만이 아니라 윤리, 종교와 더불어 우리 인간관과 자연관을 표현하는 것"이라고 오카쿠라 가쿠라조가 『차의 책』에서 말 했다. 차 문화는 커피와는 비교할 수도 없다. 커피는 마시는 일과 영성을 결합할 수 있는 일상의 문화를 만들어 내지 못했다는 것이다. 차는 주의를 집중하여 일상의 짧은 휴식을 제공한다고 저자는 주장했다. 차는 포스트모던 시대의 문화를 견딜 수 있는 가능성을 제공하기 때문에 커피와는 다른 차원의 세계라는 것이다.

커피는 스트레스가 심한 일을 하는 동안 정신을 활발하게 자극해 주는 동반자로 되어 있지만 차는 어느 정도 시간과 차분함이 필요하다. 차를 마시려면 일을 잠시 중단해야 하기 때문에 초조해진 마음의 짐을 덜어주며 동시에 마음 챙김을 할 수 있는 수행의 도구도 된다. 뿐만 아니라 차는 도구를 준비하고 이행함으로써 건강한 마음가짐과 몸가짐을 수양하고 더불어 대인관계의 삶 속에서도 차를 매개로 하여 예절을 실천해 가는 생활을 만들어 갈 수 있다. 이것을 행다(行茶)라 하며, 이 행다는 반복 훈련을 통해 올바른 습관을 길러준다.

얼마 전, 차나무와 싹, 잎 어린 줄기를 이용하여 차를 만드는 기법인 전통제다가 무형문화재로 등록이 되었다. 무형문화재를 현대적으로 활용하자면 차 문화 보급이 활성화되어야 한다. 차는 지니고 있는 성분이 건강에 좋을 뿐 아니라 인간 정서와 이성을 본연으로 잡아주는 역할까지 함으로써 육체적 면과 정신적 면에서 건강하게 해주는 음료다. 일상의 짧은 깨달음의 여유와 휴식은 커피가 아닌 바로 차 생활이라 할 수 있겠다.

멈춤, 휴식, 다시 일상

며칠 전 선운사를 다녀왔다. '코로나19'에 온통 정신이 팔린 사이 봄꽃은 앞 다투어 피어나고 있었다. '나는 적매입니다' '나는 홍매입니다' '나는 동백꽃입니다' 이름을 불러달라는 듯 고즈넉한 산사에서만 들을 수 있는 마음의 소리가 쉼 없이 울렸다.

사회적 거리두기 탓일까? 여느 때 같으면 발 디딜 틈도 없이 상춘객에 밀려 절이 주는 고요하고 아늑함은 느끼지 못하고 서둘러 참배만 하고 돌아왔는데 그날은 예전 절집 분위기를 마음껏 누렸다. 발걸음 옮기는 소리조차 조심스러울 정도로 고요했다. 이런 날이 예고 없이 찾아올 줄은 상상조차 못했다.

그러고 보니 우리 절집은 사람이 아니라 바람과 물, 새와 나무가 주인이다. 이들이 어우러져 내는 소리가 절집 소리다. 인간은 입 닫고 주인이 내는 소리를 듣는 자만이 그 축에 들 수 있다. 묵언수행은 그런 점에서 자연이 마련한 자리에 앉을 권리를 부여받는 자격증인지 모른다.

주인인 자연이 밀려나고 객인 인간이 차지하였으니 요즘 산사를 다들 못마땅하게 여기나 보다. 습관이 무섭다더니 처음에는 못 견디게 싫더니 적응했다. 적요(寂寥)하던 절집 분위기는 잊었다. 절 문 앞까지 차가 들어오고 관광객이 몰려와 주인 행세를 하니 주지 스님 역할도 손님 대접으로 바뀌었다. 초발심 시절 은사 스님과 선배 스님들로부터 세상을 버리고 그 속에서 빠져나오라고 배워 열심히 익혔더니 떠나온 세상이 밀고 들어왔다. 변화된 절집에서 나도 참 적응 잘하며 살아온 듯하다.

다양한 도구를 지니고 세상 속에 살고 있는 자신을 본다. 이게 뭔 일인가. 이렇게 살려고 출가한 것이 아닌데 갸우뚱하면서도 건사해야 할 사람이 있고, 부여받은 책임도 적지 않아 어느 정치인이 한 말대로 '자의반 타의반' 떠밀리듯 걸어왔다.

바뀐 절집, 달라진 내 역할이 당연하다 여겼는데 지난 40여 일은 원래 내 모습을 일깨웠다. 바깥에 나가지 못하고 모임은커녕 밥도 함께 먹지 말라는 금족령이 출가하면서 꿈 꿨던 삶으로 데려갔다. 선운사 순례는 그 속에 얻은 행운이다.

그러나 마냥 좋아할 수 없다. 고요하고 아늑한 옛 절집 분위기는 우리의 자정 덕분이 아니라 바이러스로 인해 불가피하게 생긴 '사고'이기 때문이다. 많은 사람이 고통 받고 힘들어 하는 유래 없는 사고여서 더 그렇다. 직원들도 처음에는 좋아하더니 시간이 갈수록 힘들어 했다. 일상을 멈추고 사람과 단절하니 바이러스는 잡혀가는데 무기력과 불안 심리가 사람들 사이에 급속히 전파되는 것 같다. 바이러스 방역은 질병관리본부가 한다지만 직원들 불안 심리는 내가 다스려야 한다. 사회적 거리두기를 하면서 몸과 마음을 건강하게 다스릴 생활수칙 4가지를 제안하고 나부터 실천했다.

그 첫머리는 체력이다. 홀로 격리돼 있는 상태가 오래되면 무기력해지고 몸 상태가 나빠진다. 체력도 단련하면서 사람과 접촉을 최대한 줄이는 방법으로 산행이 좋다. 매일 오후 2시간 산행을 했다. 정신 건강도 챙겨야 한다. 평소 바빠서 보지 못한 영화 보기 독서가 제격이다. 그 다음은 업무점검이다. 일상으로 돌아가면 밀린 업무가 빚쟁이 마냥 쫓아올 것이 뻔하다. 연초 세웠던 사업계획을 점검하고 틈틈이 챙겨야 한다. 지역 문화를 책임지는 공공기관으로서 역할도 소홀히 할 수 없다. '아웃리지 사업' 일환으로 코로나19 예방 길거리 캠페인을 했다.

사상 초유의 벚꽃 개학을 맞았다. 모처럼 맞이한 여유, 세상과 단절이 가져다 주는 기쁨을 빼앗긴다 해도 아이들이 우선이다. 아이들은 우리 센터의 가장 우수한 고객이다. 학교가 문을 열고 센터가 활기를 찾을 때 활짝 핀 벚꽃과 함께 최상의 서비스로 맞이할 것이다. 다시는 이런 날이 오지 않기를 기도하면서.

멋쟁이와 멋진 사람

멋쟁이와 멋진 사람은 다르다. 사람마다 보는 시각과 느낌에 따라 다르겠지만 멋쟁이는 외형의 멋을 일컫는다. 머리에서 발끝까지 눈에 거슬리지 않을 정도로 센스 있는 사람을 우리는 멋쟁이라고 부른다.

멋진 사람은 멋쟁이에다 행동과 마음이 훌륭한 사람이 아닐까. 즉 외형도 훌륭하면서 내면과 행실이 갖춰진 사람이다. 겉과 속이 다 알차고 훌륭한 완벽한 사람이라고 본다. 그런 점에서 '멋쟁이' 소리는 누구나 들을 수 있지만 '멋진 사람'이라는 평가를 받기는 쉽지 않다. 외형과 인품을 두루 갖춘 사람이 드물다는 것이다. 무엇보다 멋진 사람을 만나려면 내가 그에 걸맞는 인품과 외모를 갖춰야 한다. 또한 멋의 기준도 제각각이어서 두루 좋은 평을 받기는 여간 까다롭지 않다.

남도에 매화꽃이 수없이 피고 있던 봄날, 내소사 지장암 차실에서 나는 멋진 사람을 만났다.

"고요한 달밤에 거문고를 안고 오는 벗이나 단소를 손에 쥐고 오는 친구가 있다면 구태여 줄을 골라 곡조를 아니 들어도 좋다.

맑은 새벽에 외로이 앉아 향을 사르고 산창으로 스며드는 솔바람을 듣는 사람이라면 구태여 불경을 아니 외워도 좋다.

봄 다 가는 날 떨어지는 꽃을 조문하고 귀촉도 울음을 귀에 담는 시인이라면 구태여 시를 쓰는 시인이 아니라도 좋다.

아침 일찍 세수한 물로 화분을 적시며 난초 잎에 손질을 할 줄 아는 사람이라면 구태여 그림을 그리는 화가가 아니라도 좋다.

구름을 찾아가다가 바랑을 베개하고 바위에서 한가히 잠든 스님을 보거든 아예 도(道)라는 속된 말을 묻지 않아도 좋다.

야점사양(野店斜陽)에 길 가다 술을 사는 사람을 만나거든 어디로 가는 나그네인가 다정히 인사하고 아예 가고 오는 세상 시름일랑 묻지 않아도 좋다."

차실 족자 안에 담겨 있는 해안선사의 글 '멋진 사람'이다. 살아생전 뵙지 못한 스님이지만 족자에 담긴 글 한 편으로 얼마나 담백한 삶을 사신 분인지, 얼마나 멋진 맛을 아는 분인지 짐작할 수 있었다. 차실 곳곳에 느껴지는 선배 스님의 뛰어난 예능 감각은 이 시를 더 곱씹게 했다. 시가 차실이 아닌 대중 방이나 선배 스님 방에 걸려 있었다면 큰스님이 주신 법문으로 새겼을지 모르

용서는 나의 수행, 칭찬은 나의 기도

아름다움을 표현하는 인간의 활동을 예술이라 한다.
그 예술은 특정한 사람만이 하는 것이 아니다. 살아
있는 삶 자체가 예술로서 가치를 보유한다.

겠다.

다지고 털어내는 반복이 수없이 이루어졌을 때 사물을 바라보는 느낌, 시선은 맑고 향기롭다. 그 향기로움을 공유하고자 시인은 시를 쓰고 화가는 그림을 그리고 연주자는 악기를 다룬다. 아주 절제되고 정화된 정서로 승화하여 예술의 경지로 올랐기에 우리는 음악, 그림, 시에 감동을 받고 내용에 공감한다.

아름다움을 표현하는 인간의 활동을 예술이라 한다. 그 예술은 특정한 사람만이 하는 것이 아니다. 손짓 몸짓 하나하나에 연결되어 있는 일상의 표정이 예술인 셈이다. 살아 있는 삶 자체가 예술로서 가치를 보유한다. 봄날 차실에서 팽주가 따라 주는 생매화차 꽃향기보다 더 향기로운 것은 봄 다 가는 날 떨어지는 꽃을 조문할 줄 아는 사람이 아닐까 싶다. 살아가면서 이런 멋진 사람을 만날 수 있다면 굳이 도(道)를 논하지 않아도 한 편의 시를 거뜬히 건지지 않을까.

디지털형 아날로그

휴대폰이 고장 나서 이틀 동안 대여폰을 사용했다. 그 대여폰은 단순히 전화만 주고받는 기능만 할 뿐이다. 갑자기 연락할 일이 생겨 전화를 걸고 싶어도 내 머릿속에 저장된 연락처는 없다. 모두 휴대폰 속에 저장되어 있어 이틀 동안 참 난감했다. 이러다가 휴대폰이 정상 복구가 안 되면 그 안에 저장된 연락처는 영원히 잃게 되는가. 어디서 지인들 전화번호를 찾을까 하는 답답함이 엄습했다. 전화번호를 수작업으로 기록을 해 놓았다면 이런 걱정은 안 해도 되는데 기계의 편리함에 길들여져 단 한 사람의 전화번호도 기억해 내지 못하는 나를 보았다.

심지어 카톡 채팅 방에서 업무를 논하고 의견을 주고받고 결제를 해야 하는데 내 쪽에서 전혀 읽지 않으니 상대들은 불안해했다. 결국 기다리다 못해 일반전화로 무슨 일인지 묻기에 이르렀다. 연유를 알고 나서야 안도했었다고 한다.

요즘은 사람끼리 연락을 주고받으며 대화를 나누는 소통 수단이 많고 빠르다. 그런데도 사람들의 불안감은 더 커졌다. 잠시라도 연락이 안 되거나 답이 없으면 불안해한다. 빠르고 쉬운 소통이 불안을 키운 것이다. 친구나 직장 동료 사이는 물론 회사 업무도 카톡 같은 소셜네트워크서비스(SNS)로 말하고 일을 처리하는 세상이니 편리하면서도 불편하다는 하소연을 쏟아낸다.

나와 동년배나 후배는 디지털 네이티브 세대가 아니면서 디지털 네이티브 세대 속에 산다. 아날로그도 경험하고 늦게 '멈추지 않는 세계' 포스트모던한 시대도 살고 있으니 축복일 수도 있고, 낯선 것에 익숙해야 하니 불행일 수도 있겠다. 가끔 젊은이들이 승복을 입은 나에게 "카톡 하시느냐"고 묻는데 "그렇다"고 하면 표정과 눈빛이 달라진다. 자기들 세대에 합류를 해도 괜찮은, 그래서 말을 해도 되는 사람으로 여긴다는 뜻임을 나도 안다. 젊은이와 소통의 시작이다.

젊은이나 다른 세대와 소통을 하려면 그들의 문화·언어를 배워야 한다. 그 과정은 낯설고 어렵다. 우리가 젊을 적 자연스럽게 세대 문화를 익혔듯 젊은이들은 수월하게 그들만의 문화를 즐긴다. 반면, 나이 든 사람은 시간, 비용, 열정을 들여 배워야 한다. 물론 다른 세대와 소통을 할 마음이 없거나 불필요하다고 여기면 그런 수고를 할 이유가 없다. 사실, 군이 배우지 않고 활용하지 않아도 불편함은 없다. 편한 대신 그 대가는 감수해야 한다. 카톡을 하지 않고 문자를 사용해도 되고, 전화를 해도 된다. 아니 편지를 써도 된다. 아니면 직접 차를 타거나 걸어갈 수도 있다. 은행에 가서 돈을 부치고 찾아도 된다. 원고지에 손으로 써서 편지 봉투에 넣어서 우체국을 통해 부쳐도 된다. 단지, 시간이 걸리고 불편할 뿐이다.

그러나 상대방은 점차 그런 나를 멀리할 것이다. 불러도 대답 없고, 한번 연락을 취하면 언제 답을 받을지 모르는 '아날로그 세대'는 그 분야에서 꼭 필요한 극소수 전문가나 권력, 돈을 장악한 실력자가 아닌 한 그 어느 누구도 상대하려 들지 않는다. 사회 활동을 하고 여러 사람과 소통을 하려면 반드시 새로운 문명이기를 인정하고 받아들이는 데서 나아가 배우고 습득하는 절차는 필수다. 특히 최근 문명이기는 아주 편리하고 빠르며 비용도 절약하기 때문에 배움으로써 얻는 혜택이 엄청나다.

산이 높으면 골이 깊은 법, 빛이 있으면 반드시 그림자가 따르는 것이 세상의 법칙이니 아무리 기계가 좋고 편리하다 해도 그늘은 있다. 인간보다 훨씬 똑똑하고 기억도 잘하고 무슨 일이든 척척 처리하니 골치 아프게 외울 필요가 없다. 그래서 전화번호 하나 기억 못하고 초등학교 때 배운 노래 서너 곡 겨우 기억할 정도로 바보가 됐다.

새 문화를 배우지 않아도 바보, 너무 잘 익혀 푹 빠져도 바보를 만드는 디지털 세상이니, 좋은 점은 활용하되 손발 머리도 놀리지 말고 자주 쓰도록 해야겠다. 디지털형 아날로그 세대가 딱 맞다.

이름을 디자인하다

세상에 존재하는 모든 것에는 통용되는 이름이 있다. 누가 어떤 필요에 의해 지었던 그 이름으로 우리는 기억하면서 존재를 인식하고 소통한다.

수덕사 선미술관 초대로 생애 처음 도예 전시회를 열었다. 수행 틈틈이 점토를 통해 생각을 표현한 결과물을 대중들 앞에 선보이는 것이다. 나는 내 손사위로 만들어진 작품에 특별한 이름을 붙인 적이 없다. 그 이유는 점토 자체를 즐겼을 뿐 그것을 누구에게 보여주기 위해 전시회를 한 적이 없기 때문이다.

도자기는 점토에 따라 또 불의 온도에 따라 토기, 도기, 석기, 자기로 분류한다면 도예는 이런 도자기에 작가의 생각을 넣은 창작품, 또는 공예품이라 할 수 있다. 창작은 '새로움'이다. 그 새로움은 때로는 놀라움으로 때로는 감동으로 무한 변신하여 대중들 마음에 각인된다. 깊은 통찰력의 바탕 위에 새롭게 태어나는 창작은 작가만이 가질 수 있는 에너지이다. 전시를 할 때 어떤 작가는 도자전이라고 하고 어떤 작가는 도예전이라 한다. 단순한 도자전이냐 아니면 도자 공예전이냐 하는 것이다. 나의 작품은 흙으로 가능한 공예품이라 할 수 있다. 미세한 점토로 수행으로 다 표현되지 못한 가능성을 나누고 싶기 때문이다. 이것이 내가 흙을 접하게 된 큰 동기이기도 하다.

전시회에는 작가만이 하고 싶은 이야기를 풀어내는 것이 무엇보다 중요하다. 우선 큰 주제가 필요하고 그 주제 밑에 함께 어울려지는 작품 하나하나에 이야기가 전개되어야 하기 때문에 작품명 즉 이름을 지어준다. 작품과 작품명이 어울려졌을 때 하나의 이야기가 탄생한다. 어떤 작가는 먼저 작품명을 정해 놓고 작품을 만들어가는 경우가 있고 어떤 작가는 작품을 만들어 놓고 작품명을 짓는다. 나는 후자에 해당한다. 완성된 작품을 보면서 이름과 속살까지 디자인 한다.

전시회에 선 보이는 40여 점에 이름을 디자인 하는 일은 만드는 일만큼 녹록치 않았다. 어떤 이름을 디자인해 주어야 작품을 보는 많은 사람들과 공감대를 형성할 수 있을까 하는 고민이 또 하나의 어려움이었다. 이름을 디자인 하고 작품 하나하나 생각을 정리한 글을 넣어주니 작품이 살아 있는 것처럼 내게 말을 걸어오는 듯 했다.

흙을 만지고 성형하는 것은 무(無)에서 유(有)를 만들어 내는 과정이다. 이 과정은 마음 밭에 생각이라는 씨앗을 뿌리는 것과 같다. 마음 밭에 잘 뿌려진 씨앗은 고온의 불에 의해서 각각의 다른 모양으로 색깔을 품으며 새롭게 태어난다. 그 본성을 보여주는 것이 바로 도예의 세계라고 할 수 있다. 수행자의 여정도 바로 이런 것이 아닐까 싶다. 수행은 멀리 있는 것이 아니라 순간순간 갈무리 짓는 모양의 결정체이다. 그 결정체에 이름을 디자인 해주는 일은 둘이 아닌 하나가 되기 위한 끝없는 구도의 길이다.

김춘수의 시 '꽃'이 말해주는 것처럼 말이다.

내가 그의 이름을 불러 주기 전에는
그는 다만 하나의 몸짓에 지나지 않았다
내가 그의 이름을 불러 주었을 때
그는 나에게로 와서 꽃이 되었다
내가 그의 이름을 불러 준 것처럼
나의 이 빛깔과 향기에 알맞는
누가 나의 이름을 불러다오
그에게로 가서 나도
그의 꽃이 되고 싶다
우리들은 모두 무엇이 되고 싶다
나는 너에게 너는 나에게
잊혀지지 않는 하나의 의미가 되고 싶다

용서는 나의 수행, 칭찬은 나의 기도

흙과 함께 여름나기

올 여름은 하늘과 땅이 제 감각을 잃은 듯하다. 사람 체온보다 높은 기록을 기상청은 연이어 발표하고 있다. 날씨가 더우면 하늘도 펄펄 끓는 듯 보인다 해서 폭염을 염천(炎天)이라 한다. 염천, 삼복 그 단어만 들어도 몹시 무덥다며 이를 피해 산으로 강으로 바다로 떠나지만 더위가 없어지는 것은 아니다.

사람마다 더위를 이겨내는 방법이 다양하겠지만 나는 소소한 일상의 일을 제외한 나머지 시간을 작업실에서 흙을 만지며 숨과 숨 사이로 삶을 만들어 간다. 여름은 일 년 중 작업하기 딱 좋은 시간이다. 학기 중에는 수강생들에게 그 자리를 내어 주고 겨울에는 흙 자체가 주는 차가움 때문에 아무것도 할 수가 없다. 그래서 마음 놓고 흙을 만질 수 있는 여름 두 달은 속까지 흠뻑 젖는 땀이 흘러내려도 불쾌하지도, 짜증나지도 않는다. 몰입 그 자체가 마음을 충전시켜 준다. 흙의 소재는 다양하다. 그중에서 어떤 흙으로 어떤 작품을 만들 것인지를 먼저 선택한다. 결정을 하면 용도에 맞는 기물을 만든다. 기물을 완성했다고 방치하면 수분 조절이 안 돼 금이 가고 깨진다. 열고 닫고 마르는 과정을 놓쳐서는 안 된다. 만들어 놓은 기물이 100% 다 마른 후 800℃에 구워내는 과정을 초벌이라 한다. 초벌이 완성되면 어떤 옷을 입힐 것인가 생각해야 한다. 기물을 멋지게 만들고 초벌이 잘 되었다 하더라도 유약을 잘못 시유(施釉)하면 원하는 것을 얻을 수 없다. 흙과 유약의 관계를 잘 조화해야 하는 것이다. 유약을 입힌 기물을 2차로 구어 내는 과정을 재벌이라고 한다. 이때 온도는 1250℃이다. 흙+유약+불온도(가마)가 잘 맞아야 예술적 측면, 심미적 측면을 동시에 담아낼 수 있다. 특히 가마에 불을 지피는 과정은 생명을 불어 넣는 것이다. 불의 상태에 따라 여러 가지 변화를 얻을 수 있기 때문이다.

자신이 살아가는 세상의 다양한 경험을 작업으로 녹여내는 것이 작가의 몫이다. 많은 것을 경험하고 보고 듣고 그 과정에서 이뤄낸 미적 느낌, 실용성을 아울러 담아낼 때 그 이름을 작품이라 한다. 어느 작업이든 쉬운 것이 어디 있겠냐마는 흙으로 작품을 만들어내는 과정은 그리 녹록치 않다. 대량 생산되는 상업용은 시중에서 쉽게 구입할 수 있고 사고파는 과정에 흥정도 있을 수 있지만 작가의 혼신을 기울여 내놓은 단 한 점밖에 없는 작품에는 값을 매길 수도 없다. 그리고 흥정 않는 것이 작가에 대한 최소한의 예의다. 작품 값은 작가의 마음이고 구매하는 사람의

마음이다.

세원사에는 에어컨이 없다. 법당에 작은 선풍기 두어 대가 있을 뿐이다. 기도를 마치고 나온 한 신도님이 내게 말했다.

"스님, 에어컨이 없으면 신도들 기도하러 안 옵니다. 제가 시주할 테니 에어컨 설치 허락해 주세요."

늘 에어컨 속에서 생활하는 사람에게는 법당이 몹시 덥고 기도하는데 땀이 흘러 짜증이 나겠지만 그렇다 해도 에어컨 설치를 쉽게 허락할 일은 아니다.

세계가 기후 변화에 지고 있다. 이 지구 온난화 현상에 나까지 에어컨을 선택한다면 내년 또 내년에는 올해보다 더 더운 폭염이 되지 않을까 하는 생각이 앞선다. 이 여름, 흙이 안겨주는 성취감과 몰입감이 있기에 남들이 숨이 턱턱 막힌다는 폭염조차 잊고 있다.

국민체조가 주는 교훈

자동차 정비를 위해 이른 아침 공업사를 찾았다. 직원들 출근 시간이었다. 회사에 도착한 직원들은 청소부터 했다. 각자 자기가 일하는 구역을 쓸고 닦았다. 20분가량 지났을까? 갑자기 음악소리가 나오더니 공장 여기저기서 청소하던 직원들이 하던 일을 멈추고 마당 한가운데로 모였다. 순간 깜짝 놀랐다. 초등학교 시절 체육 시간이나 아침 조례 시간에 학교 운동장에서 보았던 국민체조를 구령에 맞춰 전 직원들이 따라 했다.

아침마다 구령에 맞춰 체조를 하는 곳이 있다는 것이 신선했다. 10분가량 체조를 마치고 간단한 지시사항을 받은 뒤 각자 일자리로 돌아갔다. 관리소장에게 "매일 아침 이렇게 체조를 하느냐?"고 물으니 그렇다고 한다. 체조를 하는 이유가 있었다. 사무실이 아닌 바깥이 작업장이다 보니 출근 시간 점검이 용이하지 않다. 똑같은 시간에 모두 모여 체조를 하면 자연스럽게 근태 관리를 할 수 있다. 전 직원이 모여 있어 업무 전달도 가능하다. 무엇보다 직원들 얼굴을 볼 수 있어 좋다. 매일 반복하다 보니 간혹 비나 눈이 많이 와서 체조를 못하면 그날은 직원들 움직임이 활발해 보이지 않는다고 한다. 물론 관리자 입장이겠지만 체조 하나가 주는 영향이 그만큼 다양하다. 일하기 전 잠시 몸을 풀면서 직원들 간 화합을 다지고 서로 아침 문안 인사를 할 수 있는 좋은 기회인 것만은 분명하다.

기억 속에만 들어있던 맨손체조가 눈앞에 살아 있는 것이 신기해서 찾았더니 역사가 꽤 오래됐다. 전쟁이 끝난 뒤 1953년 '국민보건체조'라는 이름으로 시작돼 1972년 새마을운동 일환으로 공무원 체위향상과 체육진흥을 위한 '신세계 체조'로 바뀌었다가 1974년 국민들을 대상으로 확대됐다. 이름도 새마을 체조로 바뀌었다. 동시에 12개 동작으로 확정해 '국민체조'라는 이름으로 재탄생했다. 이후 22년간 각급 기관과 학교 중심으로 보급되어 한국인들의 기억에 뿌리 깊게 남았다. 1999년 전체주의적 군사문화라는 비판이 제기돼 이를 대체하는 새로운 체조를 만들었다. 이름이 '새 천년 건강 체조'다. 새 천년 건강체조는 2010년 '국민건강체조'로 이름이 바뀌었다고 한다.

체조 역사가 한국 역사였다. 정치 문화 사회가 그 속에 다 들어 있음을 알고 놀랐다. 빨리 경제 성장을 해야 했던 근대화 초기에는 일사분란한 국민통합이 중요했을 것이다. 같은 구령에 똑같은 동작을 취하는 국민체조는 그 시대 아주 유용한 통치수단이었을 것이다. 그러나 중산층이 늘어나고 자유로운 사고를 중시하는 민주화 시대에는 어울리지 않는다. 국민체조는 그런 면에서 그 시대에 제 역할을 다하고 사람들의 기억 속에만 남았다.

기억 저편 추억으로 묻혔던 맨손체조를 눈앞에 대하니 신기했다. 정치니 경제니 하는 조건을 다 걷어내고 건강 그 자체만을 생각하면 꽤 좋은 운동으로 보였다. 직위나 하는 일을 불문하고 모두 모여 운동으로 하루를 연다면 기분도 상쾌하고 하루가 활기차지 않을까? 무엇보다 많은 시간을 들이지 않고 간단한 몸짓만으로도 건강을 유지할 수 있으니 그 효과만으로도 널리 권장할 가치가 충분하다.

옛 스님들은 육체가 바로 법당이라며 법당을 잘 유지해야 정진에 힘을 얻을 수 있다고 했다. 공부도 체력이 뒷받침돼야 한다는 것이 어른 스님들의 가르침이다. 원효대사의 『발심수행장』에도 이르기를, '파거불행(破車不行) 노인불수(老人不修)', 부서진 수레는 움직이지 못하고 늙고 병들면 수행을 할 수 없다고 했다. 그래서 선사들 중에는 몸이 따라 주지 않으면 몸 바꾼다며 육신을 벗기도 했다. 체력이 따라 주지 않고 기력이 모자라면 아무리 올곧은 정신이 살아 있어도 무너지게 마련이다.

하루를 시작하는 일터에서, 잠에서 덜 깬 육신의 세포를 활기차게 만들 수 있다면 마다할 필요가 없다. 맨손체조만으로도 '법당'을 잘 유지할 수 있다.

내 삶의 길 도우미

한 번도 가보지 않은 낯선 길은 누구나 조심스럽고 때로는 두렵다. 그나마 요즘은 낫다. 길 가는 사람에게 묻지 않아도, 지도를 찾지 않아도 내비게이션이 목적지로 안내한다. 덕분에 길눈 어두운 사람도 자신 있게 낯선 길을 나설 용기가 생긴다.

그런데 내비게이션이 엉뚱한 곳으로 안내할 때도 있다. 내비게이션이 아는 것도 많고 똑똑하지만 사람이 입력한 대로 따르기 때문에 최신 길이나 정보가 누락된 곳은 깜깜이다. 어쩌다 오류라도 생기면 아무 짝에도 소용없는 고물로 전락한다. 기계에 저장된 정보 그대로 고지식하게 따르는 것이 내비게이션의 장점이면서 또한 결정적 결함이다.

사람은 다르다. 지도를 찾아 어디로 가야 하는지 방향과 목적지를 탐색하고 모르면 지나가는 사람을 붙잡거나 아니면 가게를 찾아들어가고 그마저도 안 되면 남의 집 대문이라도 두드려서 찾

용서는 나의 수행, 칭찬은 나의 기도

는다. 힘들고 귀찮고 불편한 과정이고 때로는 위험한 모험이 되기도 한다. 그러나 어느 쪽이 좋은지 물어 볼 것도 없다. 가끔 부정확하고 어쩌면 낭떠러지로 안내해서 목숨을 앗아갈 위험도 있지만 그래도 대부분은 편안하고 정확하게 안내하는 내비게이션을 선택한다. 왜냐하면 충실한 길 안내자이기 때문이다. 길을 찾아주는 내비게이션처럼 인생의 안내자가 있으면 얼마나 좋을까?

어느 해 전북에서 도반 스님들과 모임이 있어 생전 처음 가는 길을 나섰다. 대구에서 출발하는 일행도 있었는데 그 스님들은 내가 사는 충남을 찾아 만날 장소 이름을 입력했다. 공교롭게도 우리가 만나기로 한 장소가 충남에도 있었던 모양이다. 전북에서 모인다는 사실은 까마득히 잊은 채 장소만 탐색했으니 시키는 대로만 일을 하는 내비게이션은 엉뚱한 곳으로 일행을 안내했다.

처음부터 지도를 찾고 물어서 가려고 했다면 중간에 여러 번 오류를 고칠 기회가 있었을 것이다. 왜냐하면 내가 제대로 가고 있는지 계속 확인해야 하기 때문이다. 하지만 '충실한 길 안내자' 내비게이션에 모든 것을 맡기고 달린다면 목적지에 도달할 때까지 잘못 오고 있음을 눈치채지 못한다. 10분 뒤 도착한다는 일행이 아무리 기다려도 오지 않아 연락을 취한 뒤에야 잘못됐음을 알아차렸다.

일행이 뒤늦게 도착한 뒤에 안 사실은 동승자 중 한 스님이 목적지가 전북인데 왜 충남으로 가느냐고 일깨웠지만 운전자 스님이 내비게이션 안내를 더 신뢰했다고 한다. 믿음은 강력한 확신을 주지만 다른 측면에서 보면 편견이 된다. 마음 졸이다 뒤늦게 모여 한바탕 웃음으로 훈훈하게 마무리했지만 인간과 기계에 대해 진지하게 생각하는 계기가 됐다.

내비게이션에 길들여진 데서 보듯 기계가 주는 편리함에 너나 할 것 없이 바보가 돼가는 현실을 체험한 셈이다. 기계가 더 정확하다는 맹목적인 믿음에 사람들은 어쩌면 더 이상 고민하고 의심하지 않는지 모른다. 지도를 찾아 가는 길을 꼼꼼히 챙기고 중간중간 사람들에게 물어서, 그중에는 친절하지 않거나 자신도 모르면서 아는 체 하는 바람에 더 꼬이는 수가 생기는 등 예상치 못한 장애가 수없이 기다리고 있을 사람과의 관계보다 기계가 훨씬 담백하고 간단하며 솔직하다. 그래서 '우리는 신뢰할 수 없고 예측 불가능한' 사람을 멀리한다. 또한 고민하고 연구하며 애써 구하지 않아도 되기에 기계를 의지한다.

그러나 사람이 평생 걸어가는 길은 내비게이션처럼 단순하지 않다. 때로 내비게이션처럼 정확하고 빠르게 길을 안내하는 길잡이를 만나 편하게 가기도 하고, 잘못된 길에 들어서 오랜 시행착오를 겪기도 한다. 끝내 못 빠져 나오는 수렁일 수도 있다. 무엇이든 스스로 고민하고 해결책을 찾고 잘못을 고쳐 바로 잡아야 한다. 누군가에게 의지는 할 수 있지만 결국 자기 몫이다. 복잡하고 험난한 과정을 거쳐 훈련되고 익숙한 사람이라면 자신은 물론 다른 사람에게도 훌륭한 내비게이션이 될 것이다.

우리 안에 국정농단은 없는가

언어나 몸짓, 그림 기호 따위의 수단을 통해 서로의 의사나 감정 생각을 주고받는 일을 커뮤니케이션 (communication)이라 하며 의사소통이라고도 한다. 또한 리더의 핵심 요소를 커뮤니케이션이라 한다.

미국 뉴욕의 110층 세계무역센터 쌍둥이 빌딩이 테러를 당했을 때, 부시 미국 대통령은 한 초등학교를 방문하여 초등학생과 대화를 나누고 있었다. 무역센터 공격을 받았다는 보고를 받고는 바로 TV를 켠 후 전 비서관 긴급 상태로 가동시키고 초등학교에서 기자회견 연설을 시작한다. 오바마 대통령은 수시로 기자회견을 열고 질문을 받아 사건 전후를 모두 설명한다.

우리의 대통령은 어떠한가. 세월호의 7시간, 한쪽은 무엇인가 파헤치려고 하고 한쪽은 뭔가 계속 안으로 숨기려고 한다. 왜 이런 현상이 일어날까. 처음부터 의문이 일어나지 않게 털어놓고 대화를 통해 풀어 갔다면 상황은 아마 많이 달라졌을 것이다. 국민 신뢰를 잃었다면 리더답게 여론에 귀 기울여 모든 것을 비우고 고치겠다고 했다면 사생활까지 들추어내지는 않았을 것이다. 뉴스를 접할 때마다 어느 것이 진실인지 혼돈스럽고 매우 답답하다.

보통 사람이 가지고 있지 않은 현실적인 문제를 타개할 수 있는 판단력, 자질과 도덕성, 솔선수범이 남다른 리더의 능력이다. 우리는 지도자에게서 이런 리더십을 바라고 선호한다. 왕정시대 전제군주도 여론에 관심을 가졌다. 조선시대 신문고를 두고 왕이 야행을 통해 민심을 파악하는 것도, 대신들이 상소문을 올리는 것도, 왕과 신하들이 모여 국정을 논하는 것도 바로 의사소통이다. 세월호 7시간을 계속 도마 위에 올려놓는 것은 많은 학생들이 죽어 가는 그 순간 대통령의 메시지가 없었기 때문이다. 리더십에 관한 의문이 국민적 지탄으로 나타나는 것이다.

우리가 몸담고 있는 크고 작은 조직은 과연 다른가? 조직안 의사소통은 잘 되고 있는지, 지도자의 메시지에는 영혼이 담겨 있는지, 부처님의 가르침은 따르지 않고 이득과 권력을 찾지 않는지, 허망한 논리로 조직을 어렵게 하지 않는지, 누구와도 소통을 거절하고 최순실 같은 사람을 내 안에서 만들지 않는지 살펴봐야 한다. 어떤 목적을 가지고 일을 할 때는 목적이 같기 때문에 그것을 이루기 위해 함께 나아가지만, 그 목적이 달성되면 그때부터는 자기 밥그릇 챙기기 바쁘다. 중상모략으로 편 가르고, 자기중심적 마음이 뿌리 깊게 자리 잡기 시작하여 세상을 보는 시야가 극히 좁아진다.

적재적소에 인재를 등용하여 조직에서 이루어야 할 과제들을 잘 이루어낼 수 있도록 조화하는 것이 리더의 능력이다. 목수가 집을 지을 때 버릴 나무가 없다고 한다. 큰 놈은 큰대로 작은 놈은 작은 대로 비뚤어진 놈은 비뚤어진 대로 목수 손에 의해서 기둥이 되고 서까래가 되는 것이다. 리더는 인재를 쓸 때 목수 같은 마음으로 모든 것을 수용해야 한다. 나에게 바른 말을 하는 인재가 불편해서 쳐 낸다면 현실에서 벌어지고 있는 축소판의 국정농단과 다를 바가 없다.

최근에 나는 내가 몸담고 있는 어느 조직에서 인사를 등용하면서 이런 말을 접했다. "이름만 걸어 놓고 회의에 한 번씩 참석하면 된다." 이 얼마나 무책임한 말인가. 자기 이름을 내걸고 하는 일에는 책임성이 따라야 한다. 일은 하지 않고 이름만 걸고 적당히 자리 챙기는 데 연연한다면 이는 조직을 발전시키는 것이 아닌 퇴행이다.

사전연명의료의향서를 작성하다

우리는 각기 다른 인생을 경험하고 서로 다른 방식으로 살아간다. 그러나 모든 인간이 다 겪는 한 가지 경험은 생을 마감하는 일이다. 누구도 죽음을 피할 수 없다. 삶의 끝은 죽음이다.

모든 죽음은 모든 삶이 다르듯이 서로 다르다. 죽어가는 과정은 사고 희생자, 말기암 환자, 자살자, 심장마비 등등 모두가 똑같지 않기 때문에 유족들도 사별 경험이 같지 않다.

죽음은 노인에게 일어나는 것이라 생각하기 때문에 젊은 사람 의식에는 죽음에 대한 생각이 거의 없다. 죽어가는 사람과 죽은 사람을 돌보는 일은 한때 가족 일로 여겼으나 이제는 전문가의 영역이다. 숨을 거두었거나 거두기 직전 병원으로 간다. 전문가가 염을 하고 장례를 치를 수 있도록 모든 준비를 하기 때문이다.

학자들은 죽음을 세 가지 측면에서 정의한다. 생물, 사회, 심리 분류다. 생물적 측면에서 의미는 신체 기능의 정지를 말한다.

사회적 의미는 장례식과 애도의식 및 권리와 재산의 법적 재분배에 관한 것이며 심리적 의미는 애도 의식을 통해서 유족들로 하여금 슬픔과 비탄을 자연스럽게 표출할 수 있는 인간적 배출구를 만들어 주는 것을 말한다. 사회적·심리적 측면이 산 자의 몫이라면 적어도 생물 부분은 스스로 결정하고 정리해 두는 것이 좋다. 그래서 나는 얼마 전 사전연명의료의향서를 국민연금공단에 가서 작성했다. 사전연명의료의향서란 생명의 연장을 위한 특정치료 방법 여부에 대한 본인의 의사를 서면으로 미리 밝힌 공적 문서, 의학적 치료에 관한 의사결정 능력이 있을 때 자신의 연명 치료에 대한 의향을 미리 남겨 죽음을 앞두고 인간의 존엄을 유지하게 하려는 취지에서 2016년 2월 3일 공포한 연명의료결정법에 의해 법제화 되었다.

등록을 하면 윤리위원회가 있는 전국의 병원으로 연결되어 실행이 된다. '환자의 고통을 덜어 줄 수 있는 진통제와 인공호흡기가 아닌 산소마스크를 씌운다. 굶주려 죽었다는 소송을 우려해 최소한의 식사를 임종 전까지 제공하여 자연사에 가깝도록 유도한다.' 담당자의 설명에서 안락사, 존엄사, 웰다잉과는 다름을 알았다.

사전연명의료의향서를 작성하고 온 가족 법회 날, 모두 준비해야 하는 일이라며 동참을 권유했다. 고개를 끄덕거리며 동참하겠다는 분이 있는가 하면 못마땅하게 여기는 불자들도 있었다. 주로 젊은 불자들이 그러했다. 아직 죽음이 먼 일로 여기는 젊은

죽음에 빠르고 느림이란 없다. 생명을 가진, 아니 무생물
조차도 소멸하고 사라짐을 향해 간다. 영겁의 시간에서 보
면 30년 한 세대는 눈 깜빡하는 찰나보다도 더 짧다.

용서는 나의 수행, 칭찬은 나의 기도

이들로서는 당연하다.

그러나 달리 생각하면 죽음에 빠르고 느림이란 없다. 생명을 가진, 아니 무생물조차도 소멸하고 사라짐을 향해 간다. 영겁의 시간에서 보면 30년 한 세대는 눈 깜빡하는 찰나보다도 더 짧다. 나고 사라지는 그 찰나를 누구도 붙잡을 수 없다. 그래서 생각이 일어났을 때 하나하나 정리해 두는 것이 현명한 일이다. 그리고 죽음의 문제는 제정신 있을 때 제 스스로 결정할 일이다. 생과 사가 오락가락하는 단계에서 환자가 자신의 연명을 위한 치료에 대해 말할 수 없다. 자식의 입장에서도 부모와 자식 간 도리에 합당한지, 주위의 시선은 어떠한지, 염려되는 일이 많아 더욱 결정이 쉽지 않다. 담당의사도 마찬가지다. 본인이 정신이 멀쩡할 때 미리 확실하게 의사를 밝혀 두는 것이 모두를 위한 현명한 방법이다. 그래서 권유한 것이다.

나이가 들수록 마음으로 연마된 수행의 품위를 놓치지 않아야겠다는 생각에 몸도 마음도 다듬고 관리를 한다. 잘 가꾸어진 정원에 핀 한 송이 풀꽃이 사람의 마음을 신선하게 하고 질 때 지는 것처럼 삶도 죽음도 아름답게 스스로 만들고 마무리해야 한다는 평소 생각이 이제는 의무감으로 다가오고 있다. 태어남은 내 의지와 상관없이 태어났지만 죽음은 내 의지대로 만들어 갈 수 있도록 원을 세워야 하지 않을까 싶다.

영화 '말모이'가 남긴 것

지난 연말 영화 '말모이'를 관람했다. 영화는 한 해를 열심히 살아 온 나 자신에게 주는 '쉼'이다. 나는 영화든 드라마든 제목에서 줄거리 흐름을 먼저 읽는다. 그만큼 제목이 중요하다. 제목은 모든 관객과 통용되는 팩트(fact)다. '말모이'라는 영화 제목을 처음 접했을 때 한번에 줄거리가 머릿속에 입력되지 않았다. 혼자서 제목을 두고 말 찾기 숨바꼭질을 했다. '모이'만 풀어보자면 '먹이'로도 해석된다. 하여 말(짐승)에게 먹이를 주는 일인가. 아니면 '모임'이라는 뜻일까… 여러 가지 생각을 묻은 채 영화를 관람했다. '말모이'는 추측했던 그런 내용이 아니라 최초의 한글사전이라는 것을 영화를 관람하면서 알았다.

최남선이 설립한 조선 광문회에서 주시경과 그의 제자들이 민족주의적 애국계몽 수단으로 우리말을 지키기 위해 사전 편찬을 비밀리에 시작한다. 그 당시 초·중·고생뿐 아니라 각계각층의 남녀노소가 일제의 눈을 피해 전국 각지에서 방언을 비롯한 말을 수집한다. 지방마다 다른 말(방언) 하나도 현장에 가서 지역의 독특한 문화를 찾고 왜 이 말을 사용하는지 직접 조사한다. 말을 모으는 것은 곧 세상 속 지식을 모으는 지식 축적이자 민족의 정신이며 공동체 이념을 구현하는 매개체였다. 그래서 영화 속 지식인들은 어떤 말을 표준으로 할 것인가를 놓고 치열하게 토론하고 연구했다. 옛말, 방언, 새말, 전문어, 고유명사 등을 교육적으로 각색하여 사전을 편찬했다.

영화는 단순히 말을 모으는 것에서 머물지 않는다. 말과 글을 빼앗긴 슬픔을 구체적으로 드러내는 데서 나아가 인간답게 사는 법, 존경받는 어른의 모습, 배신자의 쓰라림을 다독여주는 지도자의 태도 등 여러 사람의 모습과 가족의 소중함 등을 담아낸다. 그리하여 영화는 시대극을 넘어 보편적 삶과 가치를 드러낸다. 다양한 스토리와 장치가 합쳐져 영화는 우리말이 태어난 원동력과 우리말과 얼을 지켜낸 민족의 저력을 감동적으로 보여준다.

국어사전을 펼치면 한 단어에 딸린 해석이 여러 가지이고 뜻도 다양하게 통용됨을 발견한다. 특히 글을 쓰는 작가들은 사전 속 표준어를 중심으로 삼으면서도 여러 뜻으로 풀어쓰며 국어를 풍부하게 만든다. 영국인들의 '세익스피어를 인도와 바꾸지 않는다'는 자부심도 어휘를 풍성하게 만드는 작가의 소중함을 표현한 것이다. 영화나 드라마의 명대사는 기존 사전에 없는 새로운 말로 단순히 말을 만드는 데 그치지 않고 새로운 세상을 만든다. 사람의 심금을 울리는 새로운 대사 한마디가 마음을 만들고 그 마음이 세상을 만드는 셈이다. 내가 지금 사용하는 말들은 그래서 단순한 말이 아니다. 오래 전부터 누군가가 목숨을 다하여 지켜 왔고 또 인고의 고통을 통해 아름답고 훌륭한 말을 창조하는 과정을 통해 오늘날 우리들이 읽고 쓰는 것이다. 말 한마디 글 한 자도 소중하게 여겨야 하는 이유가 여기에 있다.

전면적 교육과 미디어의 발달에 힘입어 표준어가 널리 통용되고 의사소통을 하지만 지방마다 사용하는 사투리(방언)는 그 지역 사람이 아니면 이해 불가한 것들이 여전히 많이 남아 있다. 달리 생각하면 방언이 있기에 표준어도 존재한다. 그러므로 말과 글은 지역 시대 계층을 넘어 모두 소중하며 고이 간직하고 전수해야 할 보물이다. 일제강점기 시대, 조선의 진보적 지식인 33인이 우리 글, 정리된 문법 사전을 만들지 않았다면 우리말로 된 부처님의 가르침을 배울 수도, 전할 수도 없었을지 모른다고 생각하니 그분들의 헌신에 저절로 고개가 숙여진다.

영화 '판도라'

2016년 9월 12일 발생한 경주지진 진도 5.8이 주는 체감은 언론 보도로 접했다. 그날 경주를 강타했던 지진은 벽에 금이 가고 멀리 건물이 무너지기도 하는 강진(强震)이다. 그해 11월 13일 충남 보령에도 지진이 일어났다. 경주에는 못 미치는 진도 3.5였다. 그러나 언론 보도로 접한 강진과 내가 사는 곳에서 일어난 약진(弱震)은 몸이 느끼는 척도에서는 정 반대였다.

하루 일과를 끝내고 잠자리에 드는 순간 방바닥이 갈라진 듯한 진동과 집 전체가 흔들리는 느낌이 왔다. 그 순간 대중은 약속이나 한 듯 이 방 저 방에서 방문을 박차고 큰 방으로 모여들었다. 그리고 누가 사회를 본 것도 아닌데 너나없이 스스로 체험하고 느낀 바를 쏟아냈다. 얼마 있다 3.5지진이 발생했다는 재난문자가 왔다. 지진이라는 문자를 보는 순간, 우리는 아무런 대비도 준비도 지식도 없다는 사실을 깨달았다. 단 한 번의 체험으로 우리는 정말 많은 깨달음을 얻었다.

그 경험 후 본 영화 '판도라'는 재난에 대해 더 진지하게 받아들이고 성찰하는 계기가 됐다. 영화의 배경이 되는 고리처럼 원자력 발전소는 아니지만 이곳에서 5분 거리에 한국중부발전 보령화력이 있어 발전소가 예사로 받아들여지지 않는다.

'판도라'는 그리스 신화에 등장하는 최초의 여자다. '판도라'라는 이름은 '모든 선물을 받은 여인'으로 신들이 그녀에게 선물을 준 데서 유래한다. 제우스는 판도라에게 상자를 주면서 절대 열지 말라고 경고한다. 호기심이 발동한 그녀는 상자를 열었고 여는 순간 질병, 슬픔, 가난, 전쟁 등의 모든 악(惡)이 쏟아져 나왔다고 한다.

영화 '판도라'는 한국형 재난 영화다. 인류가 열지 말아야 할 상자, 원자력을 스크린으로 끌고 와, 원전에 문제가 생겨 방사능이 누출되면 어떤 혼란이 벌어지는지를 실감나게 그렸다. 원전이 자리한 월촌리 마을 아이들이 바닷가에 모여 원전 속에 무엇이 들어 있는지를 두고 다투는 것으로 영화는 막을 올린다. 한 아이는 커다란 밥솥이 들어 있다며 그 밥솥으로 우리가 잘 먹고 잘 살 수 있다고 한다. 또 한 아이는 열면 큰 일이 생기는 '무슨 상자'가 들어 있다는 어른들 이야기를 들려준다. 두 아이의 말다툼은 원전을 둘러싼 우리 사회의 논쟁을 영화로 그린 셈이다. 값싸고 친환경인 원전 덕분에 기업과 가정이 저렴한 전기요금 혜택을 누릴 뿐만 아니라 수많은 관련 산업을 일으킨다는 원전 예찬론과 원전 폐기물 처리 비용을 고려하면 결코 싸지 않으며, 한 번

용서는 나의 수행, 칭찬은 나의 기도

사고가 나면 돌이킬 수 없는 재앙을 입는, 반드시 폐기해야 할 위험시설이라는 반대론이 팽팽하다.

어느 주장이 맞는지 그 방면 문외한인 나로서는 판단할 길이 없다. 원전 예찬론자가 말하는 것처럼 기술적으로 완벽하고 만에 하나 있을지 모르는 오류를 방지하기 위해 만전을 기한다는 주장을 믿는다. 더불어 아무리 완벽한 기술과 과학적 시스템을 자랑한다 해도 틈은 반드시 생긴다는 반대론자 주장 또한 수긍한다. 다만, 영화가 그리는 것처럼 밸브 같은 어쩌면 아주 하찮고 단순한 고장 하나가 엄청난 재앙을 일으킬 수 있다는 영화적 설정이 허구가 아닐 수 있다는 사실은 부정 못한다.

모든 사고는 돌이켜 보면 시스템이 오류를 일으킨 구조적·조직적 사고다. 이는 인간이 만든다. 시스템은 크고 복잡한 일을 효율적으로 처리하는 현대사회 총아(寵兒)인 동시에 단 한 번의 오류로 한 국가를 재건 불능에 빠트릴 수 있는 무기가 될 수도 있다. 조직적 사고는 나 한사람 희생으로 그치지 않고 전체가 회복 불가능한 피해를 입는다는 점에서 한 치의 틈도 보여서는 안 된다. 그래서 늘 최악의 상황을 가정하고 문제를 들여다보고 점검하며 해결책을 만들어야 한다.

작년에는 다른 해에 비해 여기저기서 지진발생이 많았던 같다. 그 연유인지 우리나라도 올해부터 신축되는 건축물에 내진설계를 의무화 한다고 한다. 조직적 사고예방에 늦은 감은 있지만 그래도 얼마나 다행한 일인가 싶다.

초대받지 못한 자리

연말이면 한 해를 마무리하는 크고 작은 행사가 많다. 1년 동안 마음 써준 데 대해 감사하고, 내년에도 변함없는 관심을 가져달라는 부탁과 함께 한 해를 결산하는 자리다.

우리 단체의 연말 결산 행사 중 대단위 부모교육이 있다. 이때는 꼭 외래 강사를 초빙한다. 교육청과 연계하여 신청을 받는데 강의가 끝날 때까지 자리를 떠나지 않을 만큼 알찬 내용과 유려한 진행으로 유명세를 타는 프로그램이다. 관할 시로부터 보조금을 받다 보니, 교육 시작 전에 시장을 비롯하여 행사와 관계된 많은 사람들이 참석하여 인사말, 축사, 격려사를 한다. 의례적 행사이기는 하지만 청소년 관련 분야 공직자나 교육계 등 어른들을 모실 기회가 많지 않기 때문에 중요한 시간이다.

그런데 선거 무렵에는 초대하지 않은 사람들까지 온다. 사회자는 예정에 없던 참석자로 당황한다. 대중들에게 소개할 대상인지 파악이 어려워서다. 행사를 책임진 필자 역시 당황스럽다. 그

사람은 누구나 다 인정받고 존중 받고 사랑 받기를 원한다.
누구에게 잊혀지는 것은 슬픈 일이고 자기 존재감을 상실
한다고 생각한다.

날도 행사장 입구부터 선거운동 자리인지 부모교육장인지 모를 정도로 분주했다. 선거권을 가진 유권자들이 모이는 곳이면 어디든지 뛰는 후보자들 마음을 이해 못하는 바가 아닌데다 안면이 있는 분들이라 외면은 못하고 그렇다고 후보자와 손잡고 반갑게 인사 나눌 처지도 아니어서 가볍게 목례만 하고 행사장으로 들어갔다. 시장, 교육장, 시의장 등 현직 관계자들은 초청자이고 행사를 여는 데 직접 관련된 인물들이라 단상에 자리하는 것이 당연하다. 선거철이라 그런지 퇴임자까지 와서 자리를 차지하고 앉았다. 나는 웬만하면 내빈소개를 하지 않는다. 누구를 소개하든 소개받지 못한 사람은 섭섭해 하고 그 화풀이를 담당공무원한테 하기 때문이다.

그날도 사회자는 시나리오에 없었기 때문에 내빈소개를 하지 않았다. 대신 내가 인사말을 하다 자연스럽게 소개하려고 했는데 선거 때문에 오신 분들이 많아 그냥 넘어 갔다. 오후에 문자 한 통이 왔다. 초대하지 않은 내빈으로 오신 분이었다. 소개 받지 못해 많이 섭섭하다는 감정이 담긴 내용이었다. 현직에 있을 때 청소년 일에 많은 힘을 실어 주었고 인정해 주었는데 이제는 힘없다고 업신여긴다고 여겼나 보다. 그렇지 않다는 것을 알면서도 그냥 넘어가지 않고 문자를 보내는 것은 당신의 존재를 다시 한 번 각인시키려는 의도임을 안다.

선거와 무관하게 평소에도 관심을 갖고 늘 함께했다면 더 감사하게 여기고 이런 실수를 범하지 않았을 것이다. 사람은 누구나

용서는 나의 수행, 칭찬은 나의 기도

다 인정받고 존중 받고 사랑 받기를 원한다. 누구에게 잊혀지는 것은 슬픈 일이고 자기 존재감을 상실한다고 생각한다. 선거출마자들은 이 부분에 특히 예민하다. 잊혀지기 싫어하고 더 알리고 싶어 초대받지 않아도 찾아간다. 그런데 소개 받지 못하면 서운함이 앙갚음으로 돌아온다. 그럼에도 불구하고 행사를 주최하는 측은 행사 본연의 목적에 충실해야 한다. 초대 받지 않고 자발적으로 축하해 주고 싶어 갔다면 행사 주최 측을 배려하는 것이 우선이다. 이런저런 이유로 다 들어주다 보면 정작 행사의 주인인 주최자, 초청자, 관중이 피해를 입는다.

어떤 행사에 가보면 메인 행사 전에 많은 내빈 소개로 짜증이 날 때가 있다. 본 행사의 진정성보다는 과시용처럼 보인다. 그런 행사에서는 인사하는 사람도 손해다. 사람들은 안다. 소개하지 않고 인사 기회를 주지 않아도 어떤 사람인지 다 알고 있다. 오히려 저토록 높은 사람도 조용히 앉아 있는 걸 보면 이 행사가 참 대단하다 생각하고 가만히 있음을 오히려 높이 산다. 꼭 인사하는 것만이 최상의 선거운동은 아니다. 평소 잘하면 그 복이 반드시 되돌아온다. 초대 받지 않았는데도 굳이 가서 서로를 불편하게 만드는 것은 평소 베풀고 챙기지 않았기 때문이다. 공직자나 누군가의 선택을 받으려는 이들은 명심해야 한다.

매듭짓는 습관

"스님 글이 올해의 마지막 '수미산정' 글이 될 것입니다. 이쯤에서 천수천안 독자들에게 한 해를 잘 마무리할 수 있는 귀감이 되는 한마디 남겨 주시길 바랍니다."

신문사 원고 담당 기자가 한 해 마지막을 주제로 글을 써달라고 주문했다. 전화를 받기 전까지는 그날이 그날이라는 생각으로 지내던 터였다. 새삼 한 장 남은 달력을 앞에 두니 이렇게 무심할 수 있을까 하는 마음이 든다. 글도 쓸 겸 무심코 지내온 한 해를 되돌아보았다.

마지막은 또 다른 시작이라고 하지만 마지막은 마지막이다. 마지막은 하나의 결과이고 새로운 시작을 위한 매듭이다. 매듭이 없으면 결과도 없다. 결과가 없다는 것은 성장 가능성이 없다는 의미다. 한 해를 시작하는 1월은 계획, 각오, 원력 등 기대와 희망으로 가득하고 12월은 회고·반성·안녕 같은 차분하고 숙연한 어조가 뒤따른다.

용서는 나의 수행, 칭찬은 나의 기도

대나무는 자랄 때마다 마디를 만든다. 그 마디가 바로 매듭이다. 대나무가 부러지지 않고 몇 미터씩 자랄 수 있는 이유는 마디 때문이다. 비바람에 꺾이지 않는 것 또한 마디라는 매듭의 힘이다. 대나무 마디는 속이 빈 대나무 강도를 강하게 만든다. 사람 역시 한 단계 성장을 하며 매듭을 확실하게 맺으면 대나무처럼 유연하면서도 강하고, 그 어떤 환경에도 굴하지 않고 한없이 성장하는 힘을 지니게 된다.

그 반대의 사람도 있다. 시작은 잘하는데 끝이 분명하지 않은 사람이 있다. 시작도 해보기 전에 낯선 것에 대한 두려움이나 비관적 태도로 인해 지레 포기하는 형도 있다. 이 모두 매듭을 확실하게 짓지 못하는 데서 비롯되는 잘못된 모습이다.

매듭은 1년뿐만 아니라 매일 혹은 일주일 한 달 단위로도 수시로 생긴다. 아침에 일어나 계획을 세우고 밤에 자면서 하루를 되돌아보고 내일 할 일을 점검하면 이 역시 하루의 매듭이다. 매듭을 잘 만들면 일머리도 분명하게 보이고 사안의 경중 선후를 잘 따져 돌발 상황이 생겨도 당황하지 않고 잘 대처하게 된다. 매듭을 잘 짓는 사람은 바쁜 것 같지만 본인 스스로는 전혀 바쁜 것을 못 느끼고 일을 즐기면서 한다. 매듭이 확실한 사람은 어떤 고난이 닥쳐도 포기하지 않고 일을 해내는 잠재적인 능력을 가지고 있다. 매듭은 자신에게 성취감을 주고 경력이 되고 새로운 일을 도전할 수 있는 출발점이 된다.

반면 제대로 일을 맺고 끊어 새로 출발하는 습관을 기르지 않으면 낭패를 겪게 된다. 매듭이 없는 일은 이득이 없거나 해도 그만이고 안 해도 그만인 경우가 허다하다. 나의 역량을 100퍼센트 발휘를 못하고 목표를 향해 달리지 못하는 수도 있다. 같은 시간과 정성을 들여 의미도 결실도 맺지 못한다면 이보다 큰 낭비가 없다. 큰일이든 작은 일이든 그때그때 매듭을 지어 놓고 다른 일을 시작해야 덜 바쁘고 마음도 개운할 것이다.

한 해를 시작하면서 개개인이 세운 계획들이 있을 것이다. 이때쯤이면 모두 꺼내어 어떤 모양으로 매듭을 지었는지 살펴보아야 한다. 매듭을 짓지 못한 것들은 왜 그랬는지 그 원인을 살펴보고 해결책을 찾아야 한다. 원인을 찾지 못하면 답은 보이지 않을 것이다. 그러면 또 실수를 하게 되는 것이 우리들의 일상적인 삶이다. 그 일상적인 삶을 변화시키는 것은 그 누구도 아닌 나 자신이라는 것을 인식해야 한다.

매듭은 나를 다른 사람에게 알릴 때는 물론이고 다른 사람이 나를 평가하는 기준이 되기도 한다. 아무리 많은 일을 시작했다고 하더라도 매듭짓지 못한 일은 어떤 성취감도 줄 수 없다. 12월, 나의 매듭의 결과표를 두고 새해를 맞이해야 할 것이다.

용서는 나의 수행, 칭찬은 나의 기도

●

머무는 그곳이
법당이더라

○

시골절, 세원사 이야기

감동 전한 연하장 한 통

한 해가 가고 또 한 해가 시작되었다. 살아가면서 순간순간 시작이라는 의미를 만들고 또한 시작이 있으므로 마디마디 매듭을 지어 마무리할 수 있는 것이 열두 달이 주는 지혜다. 새해는 신선하다. 또 하나의 시작이다. 시작은 과거에 구속되지 않겠다는 큰 의미와 함께 보이지 않는 미래에 대한 희망을 만든다. 희망은 나 혼자 만들지 않고 주변 인연 있는 사람과 함께 나누는 의미이다. 이 의미로 연말 연초가 되면 주변 지인들에게 소망이 담긴 축하 메시지나 덕담을 나누는 풍습이 연하장이다.

연하장은 15세기 독일에서 시작되었다고 한다. 아기 예수의 모습을 축복하는 글이 담긴 카드를 동판(銅版)으로 인쇄하여 서로 주고받았고, 19세기 후반부터 크리스마스 카드에 신년인사를 덧붙인 데서 시작된 것이 연하장이라 한다.

우리나라 연하장은 새해를 맞아 임금이나 웃어른들에게 문안

하던 명함(名衡) 세배와 문안단자(問安單子)가 모태였다. 최초의 공식 연하장은 1890년 우정국이 발행했다. 연하장 풍습은 인터넷이 일상생활 깊숙이 들어오면서 다양하게 변했다. 몇 번 클릭으로 그림 카드뿐 아니라 애니메이션 카드, 동영상 카드 캐럴송 등 배경음악까지 보낼 수 있다. 인터넷 연하장은 잠시잠깐 보는 즐거움은 있다. 하지만 깊은 맛은 없다. 연하장을 파는 가게에 가서 보낼 상대를 생각하며 그 사람에게 어울리는 연하장 한 장을 고르는 마음, 또 그 사람과의 관계, 어떤 덕담을 나눌 것인지 생각하고 또 생각하면서 손 편지로 꼭꼭 눌러 몇 자 안부를 적어 보내는 연하장은 그 어떤 선물보다도 귀하고 받는 사람의 기분을 최고로 만든다.

연초 기분 좋은 연하장 한 장을 받았다. 건아가 보낸 것이다. 건아는 초등학교 입학을 앞둔 여자아이이며 세원사 어린이 법회 최연소자이다. 어린왕자 그림이 있는 4단식 접이 카드에 연필로 꼭꼭 눌러 쓴 힘이 보이는 연하장이다. 내용도 아주 간단하다. 겉치레 인사가 없는 정말 본인이 느낀 감정을 그대로 표현한 내용이다.

"선물을 많이 사 주셔서 고맙습니다. 사랑해요. 건강하세요."

'건강하세요' 글 뒤에는 아주 작은 그림 하나가 더 붙어 있다. 아프면 주사를 맞는다는 의미로 그린 것이라고 했다. 평소에 이 아이가 나에 대해 생각하는 마음을 단박에 알 수 있는 연하장이다. 아이에게 이런 문화를 체험할 수 있도록 만든 아이 엄마의

양육방식이 신선했다. 카드를 고르는 방법, 내용을 쓰는 방법, 우표를 붙여 우체함에 넣는 방법, 우표 한 장으로 상대에게 배달되는 과정, 받아 읽는 사람의 마음까지, 산교육을 한 것이다.

　가끔은 이런 경험을 한다. 상대에게 일이 있어 문자를 보내면 답이 없는 사람이 있다. 물론 동시다발적으로 보내는 내용은 공해일 수도 있어 무시해 버릴 수 있겠지만 개인적으로 일이 있어 보낼 때는 답을 해야 하는데 그렇지 않은 문화에 익숙한 사람이 보면 더 이상 공감할 가치를 느끼지 못한다. 자기 생각을 분명히 전하는 것이 소통이다. 그래야 계속 관계가 유지된다. 건아와 관계를 계속 유지하고 싶어 연하장 한 장을 사들고 와서 손으로 펜을 꼭꼭 눌러 답장을 보냈다. 7살 아이가 보낸 연하장 한 장이 마음, 몸, 생명에 감동을 주며 한 해를 시작했다.

진정한 스승

내가 사는 세원사는 1989년 창건했다. 무엇을 향해 정진했느냐고 묻는다면 딱히 "이것입니다." 하고 자신 있게 내보일 수 있는 것은 없다. 누구든지 이 정도 승랍과 노력이라면 해낼 수 있는 일을 나도 했던 것 같다. 하지만 쉼 없이 무언가 만들고 창조하고 경험하고자 하는 내 안의 에너지로 늘 채찍질하고 달려왔음은 확신한다.

창건 20년을 넘었을 때다. 20년 가까이 청소년 일을 함께하는 파트너가 딸을 어린이 집에 보내야 할 나이라 이곳에서 부모들이 선호하는 어린이 집 원서를 가져 왔다. 그 원서를 보는 순간 정신이 번쩍 들었다. 그 어린이집은 교회에서 운영한다. 대불련 출신에다 스님과 함께 일하는 가장 측근이 앞뒤 생각하지 않고 우선 편하고 좋은 곳으로 딸아이를 보낸다는 말에 말할 수 없는 허탈감이 밀려들었다.

그러나 원망하지 않고 나를 향해 반문했다. 20년 동안 내 파트

너에게조차 불심을 제대로 심어 주지 못하면서 무슨 포교를 어떻게 하겠다는 것인가? 더욱이 파트너의 대학시절 지도 법사도 바로 나인데, 내가 그에게 보여준 모습은 그냥 곁에 함께 일하는 스님밖에 보여 준 것이 없구나 하는 심한 자괴감 때문에 며칠 가슴앓이를 했다.

그 결과 체계적 교육이 부실함을 깨달았다. 교육을 어떻게 체계적으로 시킬 것인가 고민하다 불교대학 생각에 닿았다. 교구본사도 수강생 모집을 힘들어 하는 불교대학을, 작은 시골 절에서 할 수 있을까 하는 불안한 마음도 내심 있었지만, 스님이라면 할 수 있을 거라는 본사의 격려에 힘입어 용기를 냈다. 3월, 9월 1년 두 차례 기본교육을 하고 기본교육 이수자 위주로 불교대학에 입학시키는 방법을 택했다. 그리하여 지금껏 불교대학을 성공적으로 운영 중이다.

학기가 시작할 무렵에는 정말 피가 마를 정도로 애가 탄다. 시작은 했는데 인원이 없어 문 닫는 것 아닐까 하는 생각에, 홍보에 매달렸다. 플래카드를 거는 데서 그치지 않고 전단지를 만들어 신문지에 넣기도 하고 집집마다 문 앞에 붙여주는 광고까지, 홍보비가 만만치 않다. 하지만 하는 데까지 해야 하고 한 사람이라도 바르게 불교를 접하는 인연을 맺는다는 원력으로 진행하고 있다. 그렇다고 졸업한 사람이 모두 세원사 신도가 되는 것은 아니다. 처음부터 마음을 비웠다. 그렇지 않으면 수행자 본연의 모습이 아닌 것 같아서다.

용서는 나의 수행, 칭찬은 나의 기도

세원사불교대학은 역사가 짧아 단언할 수는 없지만 한 사람씩 다가오고 있음을 느낀다. 그리고 그들을 위해 한 달에 한 번 야간 법회를 만들어 소통한다. 파트너의 딸 아이 덕분에 불교대학이 만들어졌다. 그 아이는 교회 재단이 아닌 동네 아파트 어린이집을 다니다가 나중에 병설 유치원을 다녔다. 파트너는 세원사불교대학 교학처장직을 맡아 홍보·기획 등 많은 일에 힘을 보탰다.

불행하게도 내가 사는 이 지역에는 불교에서 운영하는 어린이집 유치원이 없다. 불자 아이들에게 갈 곳도 마련하지 않고 교회 재단으로 보낸다고 나무랐던 것이 못내 미안하기도 하지만 빨리 내 말 뜻을 이해하고 자신의 생각을 접은 파트너가 고맙다. 아니 그가 바로 나의 스승이다.

살아가면서 예기치 않은 곳에서 일어나는 작은 깨우침이 삶의 큰 방향을 바꿀 때가 있다. 그 깨우침을 주는 이가 바로 스승이다. 스승은 멀리 있지 않고 늘 곁에 있다.

머무는 그곳이 법당이더라

충남 보령 세원사는 청소년 포교 핵심 사찰이라고 자신 있게 말한다. 원력을 세우고 나의 젊음을 바친 신생도량 세원사는 2019년 창건 30년을 맞이했다. 불교 불모지로 불리는 이곳에서 세원사로 인해 많은 성과를 내고 불교를 대하는 분위기가 많이 달라졌다고 자타가 인정할 정도로 성장했다. 성공 요인은 특별하지 않다. 수행자로서 기본을 충실히 다진 바탕 위에서 원력을 세우고 불퇴전의 각오로 정진하는 포교의 기본 원칙에 충실하면 된다.

경험을 바탕으로 포교 과정을 소개한다. 이러한 경험이 불교 포교와 청소년 활동에 도움이 되었으면 한다.

첫 번째는 기본이다. 수행자로서 기본을 다지는 터 닦기가 가장 중요하다. 나 역시 도인을 꿈꾸며 입산했다. 당연히 선원으로 출가했고, 늘 참선하는 스님들을 보며 선원 생활을 익혔다. 은사 스님은 훌륭한 선객이셨고, 그 영향을 받아 당연히 수좌의 길을

용서는 나의 수행, 칭찬은 나의 기도

꿈꿨다. 승가대학을 졸업하고 3년 결사에 동참할 정도로 참선에 대한 나의 열정은 대단했다. 출가자에게 참선 수행 외에는 다른 길이 없는 줄 알았다. 참선 수행 행자 과정, 선원에서의 정진, 강원 4년을 통해 나도 모르게 수행자로서 위의를 갖추고 어떤 어려움이 닥쳐도 이겨낼 수 있는 힘을 길렀던 것 같다.

두 번째는 도전이다. 초심자 시절부터 10여 년 과정은 배우고 익혀 온전한 내것으로 만드는 학습이었다면 그 다음은 그 위에 나만의 색을 입히는 극복과 창조의 시간이다. 배운 것에 머물고 전통만 답습하면 발전은 없다. 올곧은 수행자로 길러낸 종단과 문중 도반에 대한 예의도 아니다. 자기만의 장점과 특색 그리고 인연을 살려 새 영역을 구축해야 한다. 그 과정은 험난하다. 때로는 반대도 만나고 무엇보다 전통과 대중에 안주하려는 자신과 싸워 이겨야 한다. 이제 산중 생활에 익숙하고 후배도 들어와 편해지려는데 새로운 길을 찾는 것은 엄청난 용기와 노력을 필요로 한다.

회의감이 그 모든 장벽을 극복하는 힘이었다. 강원 졸업 후 3년 결사에 동참하고 신설한 비구니 대학을 홍보하기 위해 각 선원마다 순례하는 비구니회 어른 스님들을 바라보면서 전통을 지키며 계승하는 내 모습은 진짜 내가 아님을 알았다. 참선을 해야 한다는 자신을 다그치는 마음이 클수록 회의도 커졌다. 결국 3년 결사도 중간에 접고 중앙승가대학 사회복지학과에 입학했다. 그것은 실로 엄청난 결단이며 무모한 도전이었다. 하지만 안락한

집을 벗어나 길을 나섰기에 나는 새로운 세계를 만났다.

　세 번째는 인연이다. 선객이신 은사 스님께서는 학비를 대줄
수 없어 나는 어린이 법회 법사를 맡아 학비를 벌었다. 평생 어린
이 청소년 포교에 몸담는 계기가 될 줄 몰랐다. 중앙승가대학을
졸업하고 한창 서울에서 활동하던 중 심한 결핵을 앓는 바람에
휴양차 도반의 소개로 충남 보령 어느 민가에 머물게 됐다. 어느
날 시내에 볼일이 있어 버스를 탔는데 승복을 입은 나를 아줌마
라고 부르는 아줌마가 있었다. 엄청난 충격이었다. '불교는 도대
체 무엇을 했고, 나는 왜 여기에 있는가' 하는 생각에 모든 욕심
을 버리고 이곳에서 포교 원력을 세웠다.

　네 번째는 원력이다. 앞의 모든 과정과 인연이 모여 원력에 이
른다. 아무리 많은 인연이 쌓여도 죽을 각오로 반드시 성취하겠
다는 불퇴전의 원력을 세우지 않으면 모래 위 성이요 한낱 꿈일
뿐이다. 그 아주머니의 한마디가 돈 한 푼 없고, 인연도 없으며
지식도 경험도 일천한 나에게 포교라는 호미를 쥐어주었다. 여기
저기 반연으로 시주하여 고추밭을 개간하고 가건물을 지었는데
불상을 모실 돈이 없었다. 마침 포교당을 그만두는 곳이 있어 부
처님을 모셔 놓고 기도하면서 동네 아이들을 모아 한문, 영어를
가르치고 어린이 법회를 보았다. 무속과 교회가 득세하는, 승복
입은 비구니 스님을 아줌마라고 부르는 이곳에서 처음 보는 광경
이 펼쳐졌다. 어린이 법회는 어머니가 중심이 되는 성인법회로 이
어졌고, 다시 입에서 입으로 전해져 멀리서도 세원사를 찾아왔

　　　　　　　　　　　　　　　　용서는 나의 수행, 칭찬은 나의 기도

배운 것에 머물고 전통만 답습하면 발전은 없다. 올곧은 수행자로
길러낸 종단과 문중 도반에 대한 예의도 아니다. 자기만의 장점과
특색 그리고 인연을 살려 새 영역을 구축해야 한다.

다. 어린이 법회는 보령에서 청소년사업으로 이어지는 터전이 되었다.

그 과정은 정말 힘들고 어느 것 하나 순탄하지 않았다. 어린이 법회는 열었는데 아이가 없었다. 아이가 모이자 함께 뛰어줄 지도자가 없었다. 공간도 최악이었다. 가건물은 비바람이 불면 휑하니 날아갈 정도로 허술했다. 아이를 모으고 가건물은 정식 법당으로 고쳤지만 함께할 스님도 도와줄 선생님도 여의치 않았다.

가건물을 헐고 불사를 하면서 잠시 법회를 접고 계속 하느냐를 놓고 고민하는데 청소년교화연합회 보령지부를 만들어 찾아가는 법회를 해보라는 제안이 들어왔다. 다시 일어설 용기가 생겼다. 아이들, 공간, 지도교사 등 모든 고민이 일거에 해결되는 묘수였으며 새로운 도전이었다. 그러나 아무리 앞날이 험난해도 지나온 길만 하랴는 생각이 드니 저절로 힘이 샘솟았다.

청소년자원봉사센터를 설치하여 보령시 전체 청소년들을 만나기 시작했다. 사찰이 아닌 일반 청소년센터여서 종교 장벽이 없어졌다. 무대가 한층 넓어지고 활동 폭이 확대된 것이다. 시내에 사무실을 얻어 본격적으로 활동했다. 그동안 다져온 사찰은 큰 힘이었다. 자원봉사센터에 들어가는 모든 비용을 사찰에서 감당했다. 청소년 포교 활동에 모든 역량을 집중하니 사찰 살림도 줄여야 했다. 지금도 세원사는 공양주가 없이 주지인 내가 공양주·채공·부전·정원사 소임을 다 산다. 1인 5역 6역 7역이다. 비용을 줄여 청소년 사업에 환원하느라 조정했던 사찰 운영기조를 지금

용서는 나의 수행, 칭찬은 나의 기도

도 유지하는 것이다.

　세원사는 포교 활동에 부적합한 위치에 놓여 있어 재정과 신도 확보에 치명적 결함을 안고 있다. 그래도 보령 시내에서 청소년사업을 벌이고 시를 대표하는 종교로 발전하는 데는 세원사의 역할이 컸다. 단단하게 뿌리 내린 세원사를 바탕 삼아 더 넓은 지역으로 나온 포교 전략은 성공했다. 사찰을 벗어나니 관과 지역의 협조를 얻기에 용이했고, 더 많은 어린이 청소년을 만났다. 물론 포교 전략보다 앞서는 것은 수행자 그 자체다. 수행자로서 한 치 흐트러짐 없는 자세가 포교의 바탕이요 가장 큰 원동력이며 전부다. 몇 년에 걸쳐 아낌없는 인적·물적 투자로 쌓은 신망이 더해져 오늘날의 보령 청소년 포교를 만들었다. 보령시 청소년 사업의 성과로 2016년 대통령국민포장을 수여했다.

　그 과정을 살피면 다음과 같다.

　　1995년 자원봉사를 시작으로 보령에 새로운 청소년 사업 깃발을 세움
　　1998년 청소년 유해환경 감시단을 청소년보호위원회로부터 위탁
　　1998년 보령시 청소년 상담실을 보령시로부터 위탁
　　2005년 청소년 문화의집 위탁
　　2015년 학교 밖 청소년지원센터 꿈드림 위탁
　　2016년 학교폭력원스톱 지원센터 위탁

관 위탁 사업은 종교를 직접 드러내지 못하지만 그 영향은 엄청나다. 청소년기에 승복 입은 스님과 대화하고 허물없이 노는 것만으로도 불교와 스님에 대한 호의가 깃든다.

사찰 밖에서 사업을 벌였지만 사찰 살림도 게을리 하지 않았다. 불자와 지역 주민을 위한 도예공방과 차문화 교실을 개원해 작업 환경을 조성했다. 이들이 만든 작품으로 1년에 한 번 도예 전시와 들차회를 개최하였다. 정법 교화를 위해 10년째 기본교육과 불교대학을 개설하여 운영하고 있다.

머무는 곳이 바로 법당이기 때문에 움직이는 모든 행이 수행이라는 생각으로 게으름을 피우지 않고 정진했다. 더 열심히 정진하고 활동하는 스님도 많다. 그러나 눈에 보이지 않는, 언제 성과를 낼지 기약할 수 없는 '투자' 포교(어린이, 청소년)는 드문 것이 현실이다. 사찰 밖을 벗어나 많은 사람과 만나고 그들의 이익과 행복을 위해 고심하고 함께하는 수행자가 더 많아지기를 원한다. 어디 보령뿐이랴. '아줌마'라고 부르는 아줌마 아저씨는 대한민국 도처에 널렸다. 도망가지 않으면 다행이다. 우리가 결코 사찰 안에서 안주할 수 없는 이유다. 입 포교가 아니라 몸과 마음 행동이 함께하는 포교가 불국토를 이루는 근간이 되지 않을까 생각한다. 법당이 사찰 안에만 있는 것이 아니라 내가 머무는 곳곳이 법당이다.

성직자와 소통하는 날

관할 시에서 공문 한 통이 배달됐다. "성직자와 소통하는 날"을 운영하니 사찰 방문 시 협조해 달라는 내용이다. 이곳 시민으로 거주한 지 30년 가까이 되었는데 관할 시에서 이런 정책으로 종교인을 만나기는 처음이다. 신선한 정책이라 느껴져 공문을 꼼꼼히 읽었다. 사찰, 천주교, 구세군 등 38개소를 방문 대상으로 지정하고 1개 방문 구성 인원은 4~5명이다. 부서별 분담 1개 종교단체 방문, 소통의 시간을 갖는다는 것이다. 주요 방문 내용은 '인구증가 당위성 홍보와 바른 주소 갖기, 미 전입 신도 가족 전입 협조, 시정에 바라는 사항을 적극 수렴하여 시정 반영 조치 검토' 등이었다.

많은 사람들이 공무원을 권위적이고 수동적 자세로 일한다는 부정적 이미지를 갖고 있는 것이 현실이다. 한마디로 적극적으로 일하지 않는다는 뜻이다. 그 같은 평가를 받는 공무원이 청사에 머물지 않고 먼 시골까지, 그것도 종교시설을 방문한다니 신선하면서도 놀라웠다. 변화의 원인은 인구였다. 널리 알려진 것처럼 대한민국은 세계에서 가장 낮은 출산율 때문에 한민족의 존속을 걱정할 처지에 놓여 있다. 인구 감소 직격탄이 시골과 지방에 떨어져 젊은이를 찾아 볼 수가 없다. 직장 교육 등의 이유로 서울과 수도권으로 몰려 가니 해가 갈수록 지방은 공동화 현상이 가중된다.

지방 공무원들은 인구 늘리기가 가장 우선 정책이 됐다. 대도시를 제외한 각 시·군은 저마다 살기 좋은 도시라며 인구 유입책을 백가쟁명(百家爭鳴) 식으로 쏟아낸다. 그러나 특정 지방 문제가 아니라 대한민국 전체 현상이니 지방 인구 늘리기는 한계가 있을 수밖에 없다. 결혼을 하지 않는 나홀로족이 많고 결혼을 하되 아이 낳는 것을 미루는 현실에서 인구 늘리기는 불가능에 가깝다. 증가는 고사하고 있는 시민들 유지도 어려운 실정이다. 살고 있는 시민조차 자녀 교육 등 여러 가지 이유로 점점 떠나는 형편이다.

시(市) 지위를 유지하려면 적어도 인구 15만 명이 되어야 하고 5만 명 이상의 읍이 있어야 한다. 현재 우리나라 축소도시는 20곳이다. 경북 7곳, 전북 4곳, 충남 3곳, 강원 3곳, 전남 2곳이라 한다. 충남 3곳 중 한 곳이 내가 살고 있는 보령이다. 도시가 축소되어도 도시 지위를 박탈하는 규정은 없지만 인구가 많아야 공동체 기반이 강화되고 지역경제가 살기 때문에 작은 도시들은 사활을 걸고 인구 늘리기에 나선다. 공무원 이익을 위한다며 노

용서는 나의 수행, 칭찬은 나의 기도

력을 폄하하는 시각도 있지만 어쨌든 발로 뛰는 모습이 보기 좋다. 인구 때문이기는 하지만 종교와 상관없이 관할 공무원이 성직자를 직접 찾아가 만나고 민생의 소리에 귀 기울이고 시정을 논의할 수 있는 자리니 부수효과가 적지 않다.

공무원들의 발로 뛰는 모습을 보며 우리 절집 사정을 떠올려본다. 10년 만에 불자가 300만 명 감소했다는 자책의 목소리가 여기저기서 터져 나왔지만 어떻게 유입할 것인지에 관한 종책은 보이지 않는다. 벽돌 한 장만 있을 때는 그냥 벽돌일 뿐이다. 장인의 손길로 한 장 한 장 쌓아야만 담벼락이 되고 거대한 성벽이 된다. 담과 성벽이 되었다 해도 벽돌 하나 빠진 틈을 메꾸지 않으면 서서히 영향을 미쳐 결국 무너진다.

각 지역 사찰들은 불교를 이끌고 만들어 가는 실핏줄과 같다. 종단 수뇌부는 그 끈을 무시하거나 방임하면 안 된다. 끈을 놓게 되면 언젠가 이탈이 생겨 무너지기 때문이다. 종단 중앙이 챙겨야할 행정이나 정책이 많겠지만 탈불교를 막는 것만큼 시급한 불사가 없다. '성직자와 소통하는 날' 공문을 보면서 최근 절에 잘 나오지 않는 신도 집을 가가호호 방문해서 작은 불심이라도 귀담아 듣는 주지가 되어야겠다는 야심찬 다짐을 했다.

문화가 있는 부처님오신날

내가 사는 이곳은 농촌 지역에 자리한 조그마한 사찰이다. 여느 사찰과 마찬가지로 1년 중 가장 큰 행사가 부처님오신날이다. 1년에 한번 등불을 밝히기 위해 오는 분도 있고, 불자가 아니어도 절에 와서 비빔밥 한 그릇을 비우고 가는 날이다.

나는 신심 깊은 불자든, 1년 한번 부처님오신날에 등을 다는 세칭 '나이롱 불자'든, 부처님을 믿지 않는 비신자든 모두 즐거워하는 부처님오신날이 특별한 날로 기억되기를 기원한다. 사람들이 특별한 날로 기억하도록 준비하고 수고하는 역할은 주지의 몫이다. 현수막부터 색다르게 적었다.

"부처님오신날 세원사에 가면 문화가 있다"

남과 다르게 만들려면 부지런히 움직이고 많이 고민하고 공부

용서는 나의 수행, 칭찬은 나의 기도

해야 한다. 그렇게 해서 나름 정한 원칙이 몇 가지 있다.

첫째, 연등은 가장 전통적 방법을 사용한다. 전통 방법이란 다름 아닌 손으로 직접 연등을 만드는 수고로움을 감수하는 방식이다. 1년에 한 번뿐인 날인데 손쉽게 비단 등 사서 달아 놓는 것이 아직 용납이 안 된다. 힘들지만 종이 연잎 한 장 한 장 풀어 꽃잎을 만들어 붙인다. 보는 사람도 즐겁고 만드는 나도 보람 있으며 무엇보다 전통을 잃지 않아 좋다.

둘째, 부처님오신날 등 크기는 일정하다. 등 값을 많이 내는 사람이나 적게 내는 사람이나 똑같은 등에 가족 수대로 이름을 적어 달아 준다. 부처님의 평등사상을 등문화로 표현한 것이다.

셋째, 관내 애육원 원아들에게 특별한 외출을 시킨다. 주변 경양식 집에서 돈까스를 먹을 수 있도록 만들어 준다. 보시 실천 문화다.

넷째, 부처님 전 관욕단 꽃꽂이는 여느 사찰에서 볼 수 없는 예술품으로 장엄한다. 이 과정은 정말 힘들고 시간도 많이 드는 최고의 정성을 다해야 한다. 이른 새벽 서울 양재 꽃시장을 찾아 이날만은 꽃을 위해 마음껏 돈을 써본다. 아깝지 않다. 어느 곳에서도 쉽게 볼 수 없는 최상품으로 부처님 전에 올린다. 1년에 딱 한 번 많은 꽃이 부처님 전에서 변신을 한다. 새로운 모습으로, 이것은 잠재되어 있는 나의 재능문화를 나누는 것이다.

다섯째, 의례적인 법요식이 끝나면 가족끼리 함께 참가할 수 있는 체험 부스가 있다. 차 마시기, 연등 만들기, 단주 만들기,

만다라 그리기, 부채에 부처님 얼굴 그리기, 즉석 사진 찍기(포토존), 팝콘·솜사탕 먹기, 도자기 만들기, 탑 만들기, 부지런한 불자님들은 집으로 돌아갈 때 뭔가 손에 하나씩 들고 간다. 자신이 체험한 아주 특별한 것으로, 한동안 집안에 부처님 모신 듯 두고 신심을 돈독히 하는 신앙의 문화가 새롭게 대두되는 것을 볼 수 있다.

문화(文化)의 사전적 의미는 '자연 상태에서 벗어나 일정한 목적 또는 생활 이상을 실현하고자 사회 구성원에 의하여 습득·공유·전달되는 행동 양식이나 생활양식의 과정 및 그 과정에서 이룩하여 낸 물질적·정신적 소득을 통틀어 이르는 말'이다. 이 의미로 보자면 부처님오신날 자체가 문화이다. 이 문화를 어떻게 전달하는가는 각 사찰 주지 스님의 몫이다. 부지런하게 움직이며 가장 쉽게 불교를 접하는 방편을 모색하면 한층 즐겁고 잊을 수 없는 부처님오신날을 맞이할 수 있다.

그러니 이 얼마나 즐거운 일인가. 나는 이 재미로 주지 소임을 살고 있는지도 모른다. 부처님오신날만이라도 사찰마다 특색 있는 프로그램을 도입해 보는 것도 좋을 것 같다. 각 사찰만이 품을 수 있는 문화들이 있을 것이다. 주지 스님의 새로운 변화에 의해 부처님오신날 특별한 문화가 될 수 있다.

두 번 맞이해서 더 행복한 '부처님오신날'

사람이 멈추니 자연이 제자리로 돌아왔다. 하늘이 파란 원래 모습으로 돌아가고 동물은 사람이 사라진 거리를 활보한다는 해외발 뉴스가 심심찮게 등장한다. 나도 그 하늘을 마음껏 바라보았다. '멈춤'에서 바라보는 하늘은 참 맑다. 맑음 속으로 내비치는 따가운 햇살도 기분 좋다. 오랜만에 뜰에서 두 팔 벌리고 심호흡을 해본다. 미세먼지가 섞인 공기마저 신선하고 눈으로 볼 수 있다는 것만으로도 감사하다.

자연과 달리 인간은 힘든가 보다. 일상으로 돌아가고 싶다는 아우성이 여기저기 터져 나온다. 외국은 봉쇄 해제를 요구하는 시위가 일어나고 한국은 황금연휴에 관광지가 사람들로 만원을 이뤘다. 얼마 전 헨리 키신저(Henry A. Kissinger) 전 미국무부장관은 월스트리트저널에 '코로나19 팬데믹, 세계질서 영원히 바꿔놓을 것'이라는 내용의 기고를 했다. 키신저는 "팬데믹은 번영이 글로벌 무역과 사람들을 교류에 의존하는 시대에 장벽이 있는 도

용서는 나의 수행, **칭찬은 나의 기도**

시를 부활시키는 시대착오적 현상을 촉발시켰다."

"세계 민주주의 국가들은 그들이 깨달은 가치를 옹호하고 유지할 필요가 있다."고 주장했다. 그는 코로나19가 촉발시킨 정치적·경제적 격동은 몇 세대에 걸쳐 지속될 수 있다며 코로나19 후유증이 장기화될 것임을 경고했다.

그의 말대로 이 상황이 지속된다면 대면문화가 사라지고 개인주의·이기주의가 심화될지 모른다. 서로 얼굴을 맞대고 대화를 통해 사람 사이 정이 싹트고 함께 살아갈 힘을 얻는데, 바이러스로 인해 온라인으로만 소통하니 공동체와 같은 전통을 지키기 힘들 수 있다.

그러나 인간의 정, 교류는 그렇게 쉽게 끊어지지 않는다는 희망도 보았다. 코로나19 바이러스 때문에 부처님오신날을 윤사월로 한 달 연기했는데 우려했던 것과 달리 불자님들은 전과 다름없이 등을 달고 부처님께 전하는 소원을 담았다. 우리 세원사는 종단에서 지침이 내려오자 바로 모든 불자님께 공문을 발송하여 연기 소식을 전하고 공문을 접하지 못해 썰렁한 도량을 마주할까봐 몇 차례 SNS로 소식도 전했다. 그래서인지 당일 몇 분만 입재에 참석했다. 그렇게 조촐한 기도가 열렸다.

연등비는 대부분 사찰에 직접 오지 않고 계좌이체로 보내왔다. 막히고 닫혔던 시간이 많아서 경제적으로 어려웠을텐데도 불자임을 잊지 않고 등불을 밝혀 달라고 계좌번호를 물어 올 때 가슴이 찡했다. 경제적으로 어려우면 살림 단속이 우선인데도 부처님께 올리는 등을 잊지 않는 모습에 감동했다. 불자님들의 정성은 나를 되돌아보게 했다. '연등'에 스며 있는 마음의 무게를 생각하고 뭇 생명들을 바르게 행복의 길로 인도하면서 수행을 잘 하는지 반문하는 기회도 됐다.

코로나19 사태가 한창일 때 신천지 교회와 기독교인들이 정부와 방역당국의 지침을 저버리고 주일 예배를 참석하는 모습을 보면서 언론과 국민들은 비난했지만 종교인 입장에서는 신기하게 보였다. 우리 불자님들은 절에 오지 말라고 하면 정말 잘 지키고 안부 전화조차 않는데 저 사람들은 왜 저토록 교회를 가고 예배 보는 데 목숨을 걸까? 의문을 가졌다. 어쨌든 강한 신심이 부러웠고 그간의 포교를 되돌아보았다. 국민들 건강보다 우선하는 종교 활동은 없지만 단 한 번의 결석도 안타까워하는 신심만은 배워야 하지 않을까 그런 생각을 했다.

그런데 부처님오신날 등을 다는 불자님들을 보면서 그런 마음을 지웠다. 우리도 금강석처럼 굳은 신심을 갖고 있음을 새삼스럽게 깨달았다. 국민들 눈살을 찌푸리게 하고 걱정을 끼쳐가며 제 신앙을 고집하는 이들보다 국민과 함께하면서 요란스럽지 않게 부처님 가르침을 따르는 우리 불자들이 훨씬 성숙하고 행복하게 보였다.

그래서 5월 30일 부처님오신날은 코로나 바이러스 때문에 연기된 것이 아니라 두 번 맞는 행복한 부처님오신날이다.

'주지'이기 때문에

불교라는 종교가 성립하고 발전하게 된 것은 초전법륜이 있어서다. 부처님 한 분이 최초 다섯 비구에게 깨달음을 전해 아라한이 되면서 불교라는 종교가 성립하고 오늘에 이르렀다. 그래서 이를 일러 일인오화(一人五化)라고 한다.

'10년 사이 1위 종교자리를 내주고 2위 종교가 된 불교의 앞날'이라 하여 날카로운 비판이 불교 안팎에서 일어났다. 비판은 누구나 할 수 있다. 그러나 비판에 따르는 실천이 안 되면 비판도 무의미해진다. 문제를 인식하지 못하고 무관심, 무방비로 두면서 나는 하기 싫고 누군가 하겠지 하는 소극적 태도가 지금의 불교를 만들었는지 모른다.

한 사람의 불자가 다섯 명을 포교할 수 있다면 이보다 더 좋은 전법의 장이 있겠는가마는, 그러지 못한 현실에서 한 사람이라도 제대로 마음과 귀를 열어주는 주지가 되자는 원력을 세워 나는 대도시, 중소도시가 아닌 시골의 사설사암에서 불교대학을 개

설하고 전법활동에 그 몫을 다하고 있다. 연 2회 기본교육을 밑바탕으로 차근차근 전법에 온 힘을 다하지만 희망보다는 실망이 더 크게 다가오는 것은 조급한 성격 탓일까, 아니면 시대가 주는 탈종교현상 때문일까, 그도 아니면 나의 포교전략에 문제가 있을까. 이런저런 이유를 대면서 모집 과정에서 개강 때까지 마음 속 번뇌와 힘겨루기를 한다. 졸업한 불자들이 한 명씩만 포교를 하고 손에 손을 잡고 입학을 시켜준다면 그 다음해 인원 모집에 큰 문제없이 운영될 것이고 또 다음해도 또 다음 해도… 이런 희망을 걸었다.

몇 해 동안은 세원사와 인연 맺은 불자들로 불교대학은 쉽게 운영되었지만, 그 이후로는 맨땅에서 한 사람 한 사람 이삭을 줍는 것처럼 간절히 바라고 애원하고 온갖 혜택을 제시하며 수강생을 모집한다. 힘들지만 이 귀한 전법의 장을 접을 수 없는 이유는 수행자이고 주지이기 때문이다.

기본교육을 받고 전부 불교대학으로 오는 것도 아니다. 그중에는 사찰관람료 특혜를 받고자 기본교육을 받고 신도증을 받아가는 경우도 있다. 교육 후 한 번도 법회나 사찰에 참배하러 오는 적 없는 신도도 있다. 교무금 영수증 찾아가라고 하면 그때 얼굴을 내미는 사람, 아예 오지도 않고 다른 사람을 시키는 신도도 있다. 신도증 발급 후 두어 해 기다려 보고 오지 않으면 말소 신청을 한다. 주지 소임은 이처럼 녹록치 않다. 하지만 이것조차 하지 않는다면 불교의 미래는 어떻게 되겠는가. 그래서 개인적으

용서는 나의 수행, 칭찬은 나의 기도

로 참 많이 부지런하게 움직인다.

옛날 스님들은 말씀하셨다. 수행자는 분주하면 안 된다. 그저 부처님 탁자 밥 내려 먹을 정도면 된다고. 30년 가까운 세월을 시골에서 주지 소임을 살아 보니 탁자 밥 내려 먹는 정도로는 아무것도 할 수가 없다. 주지는 다양한 마인드를 가져야 한다. 이유는 전법을 위해서다. 전법은 법상에 앉아 말만 잘하는 것이 아니다. 현대사회에 맞는 대중문화로 수행자 삶이 바로 경전이 되어 종교 역할을 보강하는 행위이다. 절 주지 스님의 마인드에 따라 신도들의 성향도 변한다.

불교는 참 소극적이라는 평가도 있다. 소극적인 것은 가장 이기적 발상이라고 본다. 불자에게 일인오화의 역할을 제시하는 것도 중요하지만, 교단운영 중심에 서 있는 수행자 한 사람 한 사람이 적극적 전법활동에 나선다면 희망찬 봄날이 오지 않을까 싶다.

역행보살

세원사 맞은편 민가에 어느 날 가정식 교회가 생겼다. 일주일에 서너 번 예배소리가 절까지 들려온다.

아주 신심 있는 불자가 자기 집 대문에 '포교당' 간판을 내걸고 온 가족이 모여 아침저녁으로 기도한다면 이웃주민들은 어떻게 생각할까. 절에 미친 사람이라고 하지 대단한 불심을 가진 가족이라며 존경하지는 않을 것이다. 가정집 대문에 교회 간판이 내걸렸을 때 주민들은 신앙이 깊은 사람이라 하지 않고 이단교회라고 하면서 수군거렸다. 교회도 한 군데 정해 놓고 다니는 것이 아니고 이 교회 저 교회 다니더니 이제 자기 집안에 교회를 차렸다는 것이다.

사찰이나 교회나 교주가 있고 그 교주의 정신을 받드는 수행자(목회자)가 진리(法)를 설파하여 사부대중에게 이익을 주는 공익적 목적이 성립되어야 한다. 이 전제가 충족되지 않으면 스님이나 목회자가 있다고 절이나 교회가 되지 않는다. 그냥 개인 수행

용서는 나의 수행, 칭찬은 나의 기도

처이며 기도처일 뿐이다. 그래서 간판을 내걸 때는 사찰이나 교회 모두 그 이름에 걸맞는 책임을 다해야 한다.

가정식 교회 안주인 신앙심은 정말 대단하다. 찬송가가 이웃종교 절 마당에 울려 퍼지는 민폐를 끼치면서도 미안해 할 줄 모른다. 남에게 피해를 주든 말든 기도할 수 있는 믿음, 흐트러짐 없는 자세가 참 놀랍다. 종교는 달라도 같은 신앙인 입장에서 볼 때는 대단한 믿음이라고 감탄할지 모르지만 이웃 주민 입장에서는 '전혀 아니올씨다'이다. 사람들은 가까이 하기가 꺼려진다고 한다. 이웃을 배려할 줄 모르고 배타적이다. 특히 남편이라는 분의 마음 씀씀이가 아주 고약하다. 마을주민과 멱살 잡고 싸우는 일이 태반이고 본인에게 싫은 소리를 하면 그집 주변에 가서 쓰레기를 태우는 만행을 일삼는다. 온 마을을 다니면서 민폐를 끼친다고 사람들이 수군댄다. 주변 산등성과 밭두렁에는 불탄 자국이 여기저기 흉물스럽게 남아 있다. 관청에서 나와 만류도 했지만 소용없다. 이런 행동이 남에게 불편을 준다는 생각, 문제인식조차 전혀 느끼지 못하는 사람이기 때문에 마을주민 모두 대화하기를 꺼려 한다.

저분은 예배를 드릴 때 '하나님께 무엇을 갈망할까?' '잘 살게 해달라'고 기도하면 아마 그 하나님은 '이웃과 잘 사는 것이 잘 사는 길'이라고 일렀을 것이다. 우리가 아는 종교는 그런 가르침을 준다. 종교인답게 기도하는 마음을 이웃과 나누고 함께 소통하면 모두 존중하며 마음으로 박수를 보냈을 것이다. '그래 저렇게 열심히 기도하는 사람의 마음은 우리와 달라'라면서…

말과 행동, 생각이 같이 움직일 수 있는 기도가 바로 삶의 진실한 가치를 바로 볼 수 있는 지혜이다. 남을 위한 기도가 나를 위한 기도가 된다. 베풀어 가짐으로써 함께 기쁨을 누리는 기도여야 한다. 기도는 죄업을 소멸하는 것인데 욕망 충족이나 남을 힘들게 하는 기도는 죄업을 만들어 가는 길이다. 기도는 법당이나 교회에서만 이루어지지 않는다. 일상생활을 바르게 행함이 바로 기도다. 가정식 교회 주인을 바라보는 나의 마음은 늘 편치 않지만 때론 나의 스승이다.

세원사에 적을 둔 불자 중에 법문 듣고 기도하면서 잘못된 행동으로 주변 사람들에게 불편을 끼치지 않는지, 그런 분이 있다면 어떤 설법으로 교화시킬까 하는 고민을 던져준다. 이런 분을 일러 역행보살이라 하는가보다.

용서는 나의 수행, 칭찬은 나의 기도

무엇을 사찰음식이라
말할 수 있나

요즈음, 나의 수행밥상에 색다른 반찬이 간간히 올라온다. 이는 사찰음식명장 1호 선재스님께 2년 가까운 시간 동안 배우고 익힌 실력을 다시 응용하는 유진스님 덕분이다.

세원사는 처음부터 공양주를 두지 않고 스님들이 직접 음식을 만든다. 대중 생활을 할 때는 팔도에서 모인 스님들의 음식 솜씨를 어깨 너머로 배우고 익혀 활용했지만 이곳 세원사는 스님이 몇 명 되지 않아 그런 식의 공부는 불가능하다.

함께 사는 유진스님에게 음식 만드는 것을 손수 가르칠 입장이 되지 않아 등 떠밀어 선재스님 제자로 들어가게 했다. 출가 전 따로 음식에 대해 익힌 것 없고 이곳이 대중살림이 아니다 보니, 나처럼 어깨 너머로 배울 수 있는 기회가 적었다. 보고, 느끼고, 맛보는 좁은 시야를 개선해 주는 것이 공양을 담당하는 유진스님에게 자신감을 주는 일이라 생각했기 때문이다. 늘 본인이 만들어 올린 수행밥상 앞에서 "저는 음식 솜씨가 없는가 봅니다." 하고 자신 없어 했다. 지금은 김치도 담그고 이것저것 밥상에 올려주는 반찬을 보면서 음식 솜씨가 없는 것이 아니라 다양한 음식을 접해 보지 못했고 맛보지 못한 것이라 여기며 선재스님 제자로 입문시킨 일을 두고 혼자서 흐뭇해한다. 이제는 더 이상 밥상 앞에 놓인 음식으로 맛을 실험하는 노릇은 안 해도 되겠구나 하는 안도감까지 선물로 받은 셈이다.

『유마경』「향적불품」에 보면 향적여래께서 수많은 발우에 향반(香飯)을 가득 담아서 보살들에게 줌으로써 중생들을 교화시켰던 데서 유래하여 절집 공양간을 향적(香積)이라 부르기도 하고 사찰 음식을 향적반(香積飯)으로 비유하기도 한다. 또한 음식은 단순한 음식이 아닌 좋은 약(良藥)으로 여겼다. 오관게 중 한 구절만 봐도 그렇다.

> 몸이 여위는 것을 치료하는 좋은 약으로 생각하여 도업을 이루고자 이 공양을 받습니다.

절집 음식은 수행을 돕기 위한 최소한의 방편이지 배불리 먹고 즐거움을 누리는 데 목적을 두지 않는다.

많은 대중이 모여 수행을 하다 보면 각자 맡아야 하는 소임이 있다. 그중 채공소임은 매 끼니 때마다 수행에 도움이 되는 음식을 만들어 대중 스님께 공양한다. 지금도 내 서재 한 켠에는 『채

용서는 나의 수행, 칭찬은 나의 기도

음식을 대할 때마다 수많은 사람들의 수고와 자연환경은
물론이며 이 음식을 베풀어 준 시주자의 음덕에 감사하는
마음을 되새기는 것이 공양을 대하는 마음가짐이다.

공』이라는 복사본 책이 있다. 어느 지혜로운 스님께서 채공 소임을 살면서 음식을 할 때마다 기록해 둔 것을 다음 채공에게 참고하라고 물려주는 책이다. 책 내용을 보면 밥과 죽, 국, 찌개류, 별식, 조림, 볶음류, 무침류, 튀김, 전류, 구이, 찜, 밑반찬, 김치류, 기타류, 민간요법까지 무릇 343개의 종류별 레시피가 담겨 있다. 절집 공양간은 이제 선배가 후배에게 전수해준 레시피를 가지고 수행음식을 만드는 스님은 찾을 수 없다. 거의 공양주·채공으로 취업하는 재가자들이 음식을 만든다. 재가자라도 우리나라 사람이면 다행인데 국적이 불분명한 분들도 있다.

사찰음식은 단순한 음식이 아니라 공양이다. 공양이라는 말에는 먹고 마시는 음식이 아니라 그 속에 담긴 의미와 마음가짐이 더 중요함을 일깨워준다. 음식을 대할 때마다 수많은 사람들의 수고와 자연환경은 물론이며 이 음식을 베풀어 준 시주자의 음덕에 감사하는 마음을 되새기는 것이 공양을 대하는 마음가짐이다. 사찰음식은 불교정신이 들어 있는 식생활과 사찰에서 전승해온 다양한 문화가 담겨 있어야 사찰음식이라 할 수 있다. 이러한 정신이 배제된 음식은 음식일 뿐 사찰음식이라 할 수 없다.

용서는 나의 수행, 칭찬은 나의 기도

6살 민규의
'반야심경' 독송 도전기

필자가 주지로 있는 세원사에 불심이 아주 돈독한 보살님이 있다. 불교 이론 뿐 아니라 실천 면에서도 많은 점수를 주고 싶은 분이다. 축원카드에 속명이 아니라 계사 스님이 지어준 법명을 올리고 옷도 속복이 아니라 개량 한복이나 법복을 입는다. 그리고 아주 잘 어울린다. 당연히 식생활도 채식이다. 고기, 생선, 오신채는 입에도 안 댄다. 스님처럼 생활하고 행동하며 생각하니 수행자 풍모가 자연스럽게 배었는지 어쩌다 입술에 립스틱이라도 바르고 절에 오면 예쁘다기보다 어색한 느낌이 들 정도다.

수행 면에서도 철저하다. 기도, 독경, 간경을 매일 한다. 가족들도 이를 자연스럽게 받아들인다. 그렇다고 집안일을 소홀히 하는 것도 아니다. 3대가 한 집에 살다 보니 보살님은 어머니요 아내면서 할머니 시어머니 역할도 해야 한다. 매일 기도하면서도 그 역할에 소홀함이 없다. 가족들은 '오늘 하루도 기도 덕분에 무탈하겠구나 하는 편안함을 매일 선물 받는'고 한다.

보살님에겐 어린 손자가 6명 있다. 이 아이들 전부가 세원사 어린이 법회에 나온다. 아직 어려서 법회 때 다른 아이들에게 피해를 줄까 봐 보살님이 어린이 법회에 참석하여 아이들을 보살핀다. 당신 손자들만 돌보는 것이 아니라 선생님 역할을 자청하여 지도법사를 돕는다. 이런 보살님의 일상수행이 10살, 8살, 6살 손자들에게 큰 영향을 주고 있다. 절에 오면 손자들이 반야심경을 외운다며 자랑한다. 뜻을 몰라도 어릴 때부터 외우고 함께 기도하다 보면 부처님의 가르침과 수행이 바로 내 안에 있음을 찾게 될 것이라고 한다.

10살, 8살 두 아이는 이미 한글을 깨쳐 읽고 외우는 데 별 지장이 없지만 아직 한글을 모르는 6살 민규에게는 여간 힘든 일이 아니다. 그런데 형, 누나가 매일 한두 자 외우고 100원 받는 것을 보고 자기도 돈을 받기 위해 곁에서 열심히 듣고 반복하여 지금은 형, 누나처럼 줄줄 외운다. 한문 반야심경을 전부 외우던 날, 보살님은 세 아이에게 당신 용돈을 털어 5만원씩 각각 상금으로 주었다고 한다.

추석날 온 가족이 인사를 왔다. 민규에게 반야심경을 외워보라 했더니 아주 자신감 있게 또박또박 잘 독송했다. 남방불교의 어린동자가 산스크리트어로 강사에게 강을 바치는 풍경을 보는 듯 했다. 한글도 모르는 아이가 듣는 것만으로도 술술 외우는 모습이 신기하기 짝이 없었다. 정확하지 않는 발음이 그토록 매력 넘칠 줄 몰랐다. 나도 모르게 박수가 절로 나오고 추석 선물을 안겼다.

민규는 지금 한글 반야심경에 도전 중이다. 아무리 외워도 연결이 잘 안 돼 매우 답답해한다고 한다. 그 긴 한글 반야심경을 어떻게 외워갈지 지켜보는 재미가 더 없이 쏠쏠하다. 형, 누나처럼 글자를 보고 읽고 외워야겠다는 욕심에 빨리 한글을 깨우쳤으면 좋겠다고 희망하다가 안 되는 것을 억지로 하다가 스트레스 받아 반야심경 외우기를 포기할까 염려도 되는 등 즐거운 긴장감마저 돈다. 민규가 한글을 깨우치기 전에 한글 반야심경을 외운다면 부처님 이름으로 큰 포상을 하리라 마음먹었다. 6살 민규의 반야심경 외우기 도전은 이처럼 우리들에게 또 하나의 가르침과 희망을 선물한다.

한 사람의 깊은 신심과 수행생활이 가족들에게 좋은 영향을 주어 가정을 화목하게 하고 행복을 주니 그 힘이 바로 살아 있는 가피력이다. 종교는 자유라 하면서 가족을 불교로 이끌지 않는다면 올바른 불교인이 아니다. 부처님 가르침이 세상에서 가장 좋고 훌륭하다면 내가 가장 사랑하는 가족에게 당연히 전파하고 부처님 가르침으로 이끌어야 한다. 세원사 보살님이 이를 온몸으로 보여준다.

소유한다는 것

세원사는 2019년 개원 30주년을 맞이했다. 시간이 더해지면 사람이나 기계, 건축물이든 생긴 것은 모두 늙고 쇠하고 노화가 오는 것은 자연 현상이다. 생명을 연장하기 위해 사람은 치료를 하고 건물은 보수공사를 하고 기계는 수리한다.

그런데 같은 시간 태어났다 해도 수명은 모두 다르다. 사람은 선천적 유전적 인자에 따라서, 후천적으로 관리 여부에 따라서 수명이 달라진다. 사람뿐만 아니라 건축물도 그와 같다. 오래 시간을 두고 좋은 자재로 꼼꼼히 챙겨 지었다면 수명이 오래 간다. 돈에 맞춰 급한 마음으로 건물을 지으면 처음에는 못 느끼지만 시간이 지날수록 허술함이 역력히 드러난다. 세원사는 후자에 속한다. 집을 지었던 경험도 없고, 경제적 능력이 없었기도 하지만 무엇보다 건물을 대하는 인식 자체가 부족했다. 건물은 그저 비가 새지 않고 바람막이만 되면 된다고 생각했다. 목조건물

은 엄두도 못 내고 시멘트로 모양을 내어 현대와 전통을 조화한
다며 손수 설계를 했다.

　건물은 돈이 없어 큰 신경을 기울이지 못했지만 내부 인테리어
와 외형은 불교 정신과 가르침을 살리려고 많은 고심을 했다. 법
당 내부 설계는 다른 곳에서 찾아볼 수 없는 독창성을 살렸다.
내부 구조는 수행자의 내면세계에서 행(行)이 지침이 되는 팔정도
(八正道)를 형상화하기 위해 팔각형으로 구성했다. 법당 내부는
자연 빛이 들어올 수 있도록 유리문을 불단 위에 설치했다. 법당
에서 부처님을 바라보며 참배하면 눈이 부시도록 자연의 빛이 아
름답게 비춘다. 부처님의 둥글고 밝은 빛을, 법당에 오는 모든 인
연 사람들에게 설하기 위한 가르침을 담은 것이다. 법당 외부 구
조는 육바라밀을 상징하여 육각형으로 구성했다. 보시정신과 지
계 그리고 인욕의 생활화, 즉 수행과 실행의 의미를 건축물로 구
현하려는 의도였다. 이렇게 지어 놓고 보니 전통 건축물은 아니
지만 전통과 현대가 어우러진 퓨전식 건물이 지금도 만족스럽다.

　세원사 주변은 논과 밭이다. 인위적으로 꾸미지 않아도 뜨락
에 서면 사계절 흐름을 체험할 수 있다. 밖에 나갈 일이 없는 날
이면 도량 구석구석 흐르는 에너지를 흠뻑 받으며 풀 뽑고 잔디
와 나무를 손질한다. 자연과 대화하며 건강을 얻는다.

　몇 해 전부터 세원사 건물이 노화하는 모습이 눈에 보일 정도
로 뚜렷했다. 일 년에 한두 번은 여기저기 고치고 다듬고 하여
그나마 아직 유지한다. 그럼에도 불구하고 해마다 고쳐야 할 곳

이 더 많이 생긴다. 그냥 두고 살자니 보기 싫은데다 더 큰 화를 부를 수 있어 고치고 또 고치면서 보강을 한다. 연식 탓인가, 처음 시작이 잘못 되었나, 후회도 하고 외부환경 탓도 하지만 부질 없다. 어차피 존재하는 모든 것들은 세월이 흐르면 낡고 허물어진다. 다해 소멸되기 전까지 최선을 다해 고치고 다듬고 수고하는 수밖에 없다.

사람도 마찬가지다. 나이가 들면 그동안 허락 없이 내 마음 가는대로 부려 먹었던 육신은 이제 보살펴 달라고 신호를 보낸다. 그럴 때마다 원인은 생각하지 않고 결과만 가지고 짜증을 부린다. 뿐만 아니다. 자신은 노화도 소멸도 안 될 것처럼 살아간다. 하지만 인연 따라 잠시 생기고 나에게 온 것일뿐 머잖아 사라지는 것이 필연이다. 다만 지금은 내것이므로 내 곁을 떠나고 사라질 때까지 지극정성으로 보살피고 가급적이면 오래 곁에 머물도록 아끼고 사랑을 쏟는다. 버려야 할 것은 영원할 것이라는 착각이지 소유 그 자체가 아니다.

코로나 속에서 살아가기와
살아남기

코로나19로 인해 벌어진 '사회적 거리두기'
가 시행될 때 처음 한 달은 곧 정상으로 돌아갈 수 있다는 생각으
로 편하게 맞았다. 쉴 없이 일하는 직원들에게 주는 특별한 안식
일이라는 생각도 했다. 출근은 하되 소소한 업무만 챙기고 점심
을 먹고 함께 산행도 하면서 서로 친숙해지는 기회로 삼았다.

그런데 '사회적 거리두기'가 길어지면서 불안감이 엄습했다. 가
장 큰 걱정은 불용 예산 문제였다. 예산은 그해에 모두 사용해
야 다음 해도 삭감 없이 받을 수 있다. 예산을 받았으니 무엇이
든 만들어야 했다. 그러나 아예 찾아오는 이용객이 없다 보니 뭘
해야 할지 난감했다. 결국 답은 온라인에서 찾았다. 다행히 대한
민국은 세계 최고의 IT 강국이다. 아이들이 집에서 활용하고 참
여할 수 있는 동영상 프로그램을 만들어 유튜브(YouTube)에 올렸
다. 이를 문자 메시지 서비스(SMS)로 홍보하고 신청을 받았다. 프
로그램에 필요한 재료 넣은 가방은 긴 막대에 달아 학부모에게

전달했다. 결과물도 문자 메시지로 받았다. 성과가 있을까 고민했는데 홍보가 나가자마자 바로 마감됐다. 학교도 청소년센터도 가지 못하는 아이들에게 가뭄의 단비 마냥 반가운 프로그램이었던 것이다. 아이들의 좋은 반응에 고무돼 다양한 프로그램으로 발전시켰다. 집안에만 있는 청소년들의 운동부족을 해소해 주기 위해 방송 댄스프로그램까지 제작해 유튜브에 올렸다. 이처럼 서로 얼굴을 맞댈 수 없는 어려운 와중에도 지혜를 모아 아이들과 함께할 수 있었다.

코로나 사태도 점차 나아져 '생활 거리두기'로 완화되면서 대면 프로그램도 문을 열었다. 그러나 상황은 그 전으로 돌아갈 수 없었다. 전처럼 줄을 서서 신청한 프로그램을 기다리는 모습은 보이지 않았다. 댄스실, 오락실, 노래방 등 아이들이 좋아하는 놀이가 주로 밀폐된 공간에서 이뤄져 이용할 수 없는데다 학교가 정상적으로 돌아가지 않았기 때문이다. 돌이켜 보면 코로나로 한 번도 경험하지 못한 어려움을 맞이했지만 그래도 잘 이겨낸 것 같아 뿌듯하고 나름 답도 찾았다.

문제는 사찰운영이다. 기관은 돈과 인력이 있어 지혜를 모으고 적극적으로 움직이면 무엇이든 성과를 낼 수 있다. 하지만 사찰, 특히 돈도 인력도 없는 작은 사찰은 도저히 답이 보이지 않는다. 종교활동은 서로 얼굴을 보며 대화를 통해 이뤄지는데 코로나로 인해 그 기본 전제가 무너지니 서 있을 힘조차 없어진 듯 절망적이다. 비대면 접촉 방법이 있지만 절에 오는 보살님이나 주지 스

용서는 나의 수행, 칭찬은 나의 기도

님에게는 그림의 떡이나 다름없다. 절에서 스님 얼굴 보며 법문 듣고 상담하고 음식도 만들고 수다도 떨어야 절에 오는 맛도 나고 신심도 생기고 안심이 되는 한국의 불자들 아닌가.

코로나로 인해 노보살님들 발걸음이 끊어졌다. 자식들이 수시로 전화해 못 가게 하는데다 절 입장에서도 혹시 하는 염려 때문에 조심스러울 수밖에 없다. 집에서는 기도도 안 되고 이러다가 부처님도 스님도 못 보고 저 세상으로 가는 것 아닌지 전화로 하소연 하는 보살님도 더러 있어 눈물이 앞을 가린다. 신도들이 못 오니 주지 스님이 집을 찾아 기도하고 불공 올리는 시대가 오는 것일까?

아무리 생각해도 유튜브를 외면하고는 불교와 사찰이 살아갈 길이 없어 보이기도 한다. 세원사도 유튜브 방송을 시도했다가 전담 인력이 없어 포기했다. 코로나19 사태 이전으로 세상은 돌아가지 않을 것이라는 전문가들의 진단이 이제 실감나는 시간이다. 세상이 어려울수록 부처님 가르침이 더 절실하니 이를 어떻게 전달할까? 고민이 깊어간다.

부모도 힐링이 필요하다

청소년·센터 이야기

인재육성

장학사업은 대부분 중·고등·대학생을 대상으로 학자금, 기숙사비나 해외연수 프로그램을 지원하는 데 비해 충청남도는 남다르다.

지역을 기반으로 활동하며 지역민의 삶의 질 향상과 지역문제 해결을 위해 활동하는 공익 인재를 발굴하고 육성한다는 의지로 2012년 인성육성재단을 설립했다. 이사장은 충남도지사가 당연직이다. 장학 사업은 3개의 큰 주제로 이뤄져 있다.

첫째 꿈을 현실로 키워가는 장학사업, 둘째 희망을 나눔으로 채우는 장학사업, 셋째 미래에 도전하는 글로벌 장학사업이다. 이 사업의 특징은 추천을 받아 단순히 장학금만 주는 식이 아닌 학생이 주도적으로 꿈과 실천 의지를 담은 제안서를 보고 선발하는 공모제다. 각계 인사로 구성된 선발위원회를 두어 투명하고 공정하게 장학생을 선발한다.

나는 '재능키움' 부문 선발위원으로 위촉돼 다양한 인재를 만날 기회를 가졌다. 재능키움은 학업성적, 집안 형편과 상관없이 개인의 적성과 소질을 개발하여 자신의 꿈을 실현할 수 있도록 지원하는 사업이다. 아이들이 제출한 보고서에서 소질과 적성 미래를 보고 지원 대상을 선발하는 것이 심사위원의 역할이다. 나의 선택에 따라 이름 모를 어떤 청소년의 인생에 큰 전환점이 될 수 있다는 생각에 가슴 뿌듯하고 긴장도 됐다. 그 어떤 심사보다 더 무겁게 다가왔다.

이런 훌륭한 인재육성 제도를 마련한 충청남도청이 고마웠다. 지방에 사는 대부분 청소년들은 지방 대학보다 서울 소재 대학을 선호한다. 졸업 후에도 서울에서 직장을 다니고 싶어 한다. 이유는 교육, 직업, 문화 등 다양하다. 서울 중심의 정책이 낳은 결과다. 최근 인구 조사에서 수도권 인구가 비수도권 인구를 앞섰는데 그 대부분이 20대와 30대이며 이들이 교육과 직장을 이유로 수도권으로 몰려들었기 때문이라고 한다. 충청남도는 잘못된 현실을 원망하거나 좌절하지 않고 지역 대학을 나오고 지역을 위해 일할 인재를 직접 육성하고 나선 것이다. 그 결과가 인재육성재단이며 창의적 방식의 장학제도다.

이제 학교가 인재 양성을 전적으로 담당하는 시대는 지났다. 개인과 기업, 사회, 나아가 인류의 번영에 기여할 인재는 정부 기업 학교와 전 세계가 함께 협력하여 양성하는 시대다. 직장 개념도 달라졌다. 한 번 들어가면 정년 때까지 근무하던 '평생직장'에서 '평생직업'으로 바뀌었다. 일터 즉 기업이나 단체 중심이 아니라 일꾼 즉 사람 중심으로 개념이 달라진 데 따른 변화다.

인재 육성에서 가장 모범되는 나라는 이스라엘이다. 이 나라는 인재 육성에 총력을 기울여 어릴 때부터『탈무드』를 필사(筆寫)하고 사고(思考)하는 교육체제를 갖춘다. 국가와 자기 고장에 일이 생겨나면 전 세계에 흩어져 있는 이스라엘 사람들이 돌아오거나 지원을 아끼지 않는다. 매우 강한 국가관과 정주의식을 가지고 있는 것이다. 그리고 자기 지역으로 돌아가고 싶어 한다.

불교도 이 시대에 발맞추어 충청남도와 같은 다양성을 갖춘 '불교인재육성재단'을 만들면 좋겠다. 장학금만 주는 방식이 아닌 불교만이 실행하고 가질 수 있는 주도적 장학제도를 만들어 할머니 어머니만 다니는 불교가 아니라 젊은 청년들이 다니고 싶은 불교로 만드는 것은 헛된 꿈일까?

십년수목백년수인(十年樹木百年樹人)이라고 했다. '10년을 내다보며 나무를 심고, 100년을 내다보며 사람을 심는다'는 뜻이다. 제대로 된 인재 육성이야말로 미래를 담보하는 큰 불사임을 잊지 말아야 한다.

부모도 힐링이 필요하다

내가 운영하는 청소년센터는 매년 11월 즈음에 많은 부모님들을 모시고 특강을 한다. 2017년에 20회를 맞았으니 역사가 꽤 깊다.

청소년센터에 웬 부모 교육이냐고 반문할지 모르지만 건강한 부모가 건강한 자녀를 만든다는 교육관을 갖고 있어 부모도 교육을 받아야 한다고 생각한다. 교육 주제 내용은 센터에서 마음대로 정하지 않고 해마다 설문조사를 하여 부모들이 듣고 싶은 주제를 선정한다. 그리고 미리 신청서를 받는다. 그러므로 정말 관심 있고 듣기를 원하는 부모만 참여한다. 자연스럽게 강의 내용도 알차고 분위기도 진지하다.

자녀를 건강하게 키우기를 갈망하는 이 지역의 많은 부모들이 이 교육을 거쳐 갔다. 하지만 아이를 어떻게 하면 잘 키울까 고민만 했지 건강한 부모가 되기 위해서는 어떻게 해야 하는지에 대해서 고민이 적었던 것 같다.

마음이 건강한 부모 밑에서 자랄 때 건강한 자녀가 된다는 것은 너무나 당연한 이야기이다. 요즘 우울증에 시달리거나 분노조절이 안되어 아동학대나 동반 자살 등 위기 부모 가정의 사례가 주변에서 심심치 않게 일어나는 것을 볼 수 있다. 청소년들에게 학업 스트레스가 많듯이 부모도 직장이나 사회생활, 대인관계, 고부 간의 갈등 등 스트레스를 많이 받고 있다. 사람마다 다르겠지만 대부분 사람들은 그 스트레스를 가장 가까운 사람에게 풀게 마련이다. 그 가까운 사람이 누구겠는가. 바로 내 가족, 내 아이들이다.

아이가 잘못하면 아이를 나무라면서 부모 탓을 하는 것이 인지상정이다. 왜냐하면 성장기 자식은 부모 책임이기 때문이다. 그래서 좋은 아이 훌륭한 아이를 원하면 먼저 좋은 부모 훌륭한 부모가 되어야 한다. 그런데 부모 스스로는 좋은 부모가 되려고 노력하지 않고 좋은 자식만 바란다. 씨는 뿌리지 않고 열매 맺기를 바라는 심사와 다를 바 없다. 우리 센터가 부모 교육을 하는 이유가 여기에 있다.

스님들 공부를 일러 '줄탁동시(啐啄同時)'라고 한다. 병아리가 바깥으로 나오고자 하면 먼저 안에서 톡톡 쪼아야 한다. 그러면 어미 닭이 때를 알고 밖에서 탁탁 쪼아서 마침내 껍질을 깨뜨리는데 수행자의 공부도 이와 같다는 뜻이다. 부모와 자식 간 교육도 마찬가지다. 대개 부모는 기다리기보다 끝없이 베푼다. 특히 자식 사랑이 유별나다는 한국의 부모가 이런 경향이 심하다. 서양

용서는 나의 수행, 칭찬은 나의 기도

은 성인이 되는 18세만 넘으면 부자도 대학 등록금을 대주지 않고 아이가 직접 벌어 충당하도록 교육한다는데 우리는 일흔 노모가 마흔 자식을 뒷바라지할 정도다. 이는 껍질을 깨고 나와야 할 병아리를 안전하다고 아직 홀로 서지 못한다고 껍질에 계속 가두는 꼴이다. 병아리는 제때 껍질을 깨지 못하면 죽는다. 사람이라고 다르지 않다. 생물학적 죽음만 죽음이 아니다. 인간이 때가 되어 홀로 서지 못하고 계속 부모의 보살핌을 받아야 한다면 그 역시 죽음과 다름없다.

교육심리학자 에릭슨은 가르치고 배워야 할 시기를 '결정적 시기'라고 했다. 이르지도 말고 늦지도 말고 적정한 시기에 해야 한다는 것이다. 그 시기를 잘 결정해야 한다. 하지만 쉽지 않다. 자식 농사만큼 어려운 농사가 없다고 하지 않던가? 자식 앞에 마음을 비우고 배운대로 객관적으로 임할 부모는 없을 것이다. 자식 교육 관심은 높은데 뜻대로 되지 않는 것만큼 마음을 심란하게 만드는 스트레스도 없다. 이럴 때 부모도 힐링이 절실하다. 부모의 마음이 청량하고 맑고 건강해야 건강한 자식으로 키운다.

힐링은 치유다. 불교적 의미로 표현하자면 마음 다스림이다. 그래서 교육의 종착점은 마음수행이다. 자식 탓하기 전에 자신부터 돌아보고, 내 마음이 어디 있는지 들여다보는 마음 다스림을 잘 해야 좋은 부모가 되고 훌륭한 자식 교육을 할 수 있다.

영어 좀 못하면 어떠랴

신학대학을 다니는 어떤 대학생이 유럽으로 유학을 갔다. 유럽의 지도교수와 처음 만난 자리에서 지도교수가 이런 질문을 했다.

"한국에서 왔다고 했나요? 나는 요즈음 한국에 대하여 그리고 불교에 대하여 관심이 많은데 나에게 설명을 해 줄 수 있을까요?"

이 질문에 학생은 "저는 기독교인이라서 불교에 대하여 잘 모릅니다."라고 대답을 했다. 이 대답을 들었던 지도교수는 크게 실망하는 표정을 지었고, 학생은 이런 질문을 받을 줄은 꿈에도 몰랐기 때문에 매우 당황했다고 한다. 이후 이 학생은 우리나라의 역사 문화도 모르는 유학생이 되기 싫어 불교에 관심을 가지게 되었고, 신학전공에서 불교전공으로 바꾸었다는 이야기가 있다.

충남인재육성재단이 주최하는 재능장학생 선발 전형에서 1차 서류 심사를 통과한 60명의 대학생 대상 2차 면접관으로 참가했었다. 학생들이 제출한 서류를 챙겨 보고 학생 개개인별로 한가지 질문을 만들어 면접에 나섰다. 성장 환경, 봉사 활동, 리더십 경험, 장학금으로 어떤 것을 하고 싶은지, 미래 계획, 충남의 인재란 무엇인지 등 기재된 내용만으로 판단하기 힘들기 때문에 면접을 통해서 최종 결정을 하게끔 했다. 대부분 학생들 1순위는 장학금으로 영어 공부를 하겠다는 계획이었다. 그리고 해외 자원봉사와 유학을 생각하고, 해외 교환학생으로 더 나은 공부를 하겠다는 포부를 밝혔다. 마땅히 꿈꿀 수 있는 시대에 살고 있는 것은 분명하다. 하지만 우리 것을 제대로 익히지 못한 상태에서 해외에 나가서 단순히 어학만 익히고 서구적인 문화를 우선한다면 정작 외국에서 어떤 대접을 받을까? 글 서두에서 밝힌 유학생 사연이 반복될 것이 뻔하다.

선발 장학생 중에 고고학 전공 학생이 있었다. 그 학생은 학예사가 꿈이다. 그는 우리 문화를 잘 알리고 싶다고 했다. 옆에 있던 한 심사위원이 그 학생에게 "그렇다면 우리나라 문화는 어디에 집중되어 있는가?" 하고 질문을 했다. 학생은 대답을 하지 못했다. 그러다가 아주 작은 소리로 누군가가 말을 했다. 국립중앙박물관이라고. 심사위원은 우리나라의 모든 문화는 국립중앙박물관에 있는 것이 아니고 사찰에 있다고 말했다. 정말 고고학자가 되고 싶고 학예사가 되어 우리 문화를 알리고 싶다면 불교공부부터 먼저 하는 것이 우선이라고 했다. 나는 덧붙여 설명을 했다. 사찰에서 보이는 외형의 문화재도 중요하지만 그 문화재를 탄생시킨 정신을 먼저 공부해야 한다고 했다.

'템플스테이(Templestay)' 이것이 무엇이냐? 불교문화 체험프로 그램이라 한다. 더 깊이 들어가 보면 우리를 대표하는 정신이고 전통문화다. 불교는 인도에서 탄생해 중국으로 들어와 우리나라 에 전래된 외래종교이지만 오랜 세월동안 민중의 고통과 함께해 왔고 우리문화를 꽃피워 온 만큼 우리 것이나 다름이 없다.

영어를 좀 못하면 어떠하리. 유학을 가지 않아도, 해외교환학 생으로 나가지 않아도 올곧은 내 나라 정신으로 내면이 살아 있 다면 그것이 재능이고 인재가 아니겠는가? 이런 인재를 발굴하고 찾아야 한다. 장학금으로 혜택을 받아 성장했다면 그 장학금을 다시 되돌려 주어야 한다는 환원의 의미를 가진 학생이 몇 명이 나 될까. 주는 데만 급급하지 말고 또 받는 데만 급급하지 말고 환원하는 세상을 만들 인재가 많아야 하지 않을까 싶다.

용서는 나의 수행, **칭찬은 나의 기도**

솔직히 말해도 돼요?

 나는 청소년 지도사 10명과 함께 일을 한다. 이들 중에는 불교대학을 졸업하고 신도품계를 받은 지도사도 있고, 기독교인도 있다. 종교는 생각조차 하지 않는 무종교인 지도사도 있다. 공익사업을 위한 위탁단체여서 종교를 조건으로 달지 않기 때문에 다양한 종교관을 가진 사람들이 함께 일한다.

입사 1년차는 일을 배우는 데 급급하고 2년차는 어느 정도 응용하는 모습이 보인다. 3년차가 되면 일에 탄력이 붙는다. 속된 말로 '써 먹을 만'해진다. 공익단체뿐 아니라 일반 기업도 그 연차가 가장 열심히 일하고 잘 한다고 한다. 그러나 모든 면에서 일반 기업이나 큰 단체와는 비교가 되지 않는 우리 단체는 그 연차를 맞는 직원을 보면 걱정이 앞선다. 젊은 지도사들이 이직을 생각하기 때문이다. 당장 데려다 쓸 수 있는 검증된 젊은 직원은 어디서나 대환영이다. 더 높은 임금과 더 밝은 비전을 제시하는 다른 단체와 맞서 내가 던질 수 있는 것은 나뿐이다. 직장 상사이면서 스님인 나는 멘토 역할을 다 했는지, 권위를 벗어던지고 친숙하고 인간적으로 대했는지, 직원이 아닌 인간 그 자체로 진솔하게 대접했는지, 사표를 들고 오는 직원을 앞에 두고 나는 늘 반성하고 참회하며 되돌아본다. 그런 나를 대하는 직원도 천차만별이다.

어느 날 생일을 맞은 직원이 점심 공양을 낸다며 '사발통문'을 돌렸다. 참석한다는 문자를 보내놓고 깜빡 잊었다. 당연히 선물도 생일케이크도 못 챙겼다. 사무실에서 생일잔치가 열렸으니 아무런 준비도 못한 채 꼼짝없이 생일밥을 얻어먹게 생겼다. 아무리 그래도 선물 없이 밥을 먹을 수 없어서 황급히 지갑을 열어보니 다행히 오만 원짜리 상품권이 있어 봉투에 넣어 전달했다. 그리고 하루가 지났다. 그 지도사에게 어제의 해프닝을 설명하고 자취하니 반찬값이라도 보태라며 격려했다. 지도사가 의아한 눈치를 보이더니 "스님, 솔직히 말해도 돼요?"라며 말문을 열었다. 결론은 내가 준 상품권은 5만원권이 아니고 5천원권이었다.

그는 스님이 5천원 상품권을 준 연유가 무엇인지 한참 고민했다고 한다. 평소 스님의 성품을 보아서는 5천원 상품권을 생일선물로 주실 분이 아닌데 무슨 특별한 뜻이 있나하며 무척 고민했다는 것이다. 그제서야 5만원짜리 상품권을 사용하고 남은 잔액을 5천원 상품권으로 받아 지갑 속에 넣어 두었다는 사실을 깨달았다. 우리는 서로 얼굴을 쳐다보고 한바탕 웃었다. "어제의 네가 받을 생일복은 5천원이었나 보다. 그렇다면 오늘 받을 복은 5만원이구나." 하면서 그 자리에서 5만원의 축하금을 건넸다.

대부분 사람들은 겉으로 표현하기보다 속으로 온갖 상상을 한다. 생각이 지나치면 오해를 낳고 결국 돌아올 수 없는 감정의 골을 만들 수도 있다.

정말 환하게 웃은 이유는 그 친구가 고마워서였다. 돈으로 선물의 값어치를 따질 수 없지만 5천원 상품권을 직장 상사로부터 받고 수긍할 청년은 많지 않을 것이다. 그런데 그 청년은 고깝게 여기지 않고 분명 깊은 뜻이 있을 것이라고 좋게 여겼다. 참 고마웠다.

이 같은 상황을 맞이하면 대부분 사람들은 겉으로 표현하기보다 속으로 온갖 상상을 한다. 생각이 지나치면 오해를 낳고 결국 돌아올 수 없는 감정의 골을 만들 수도 있다. 그래서 수긍하고 표현해 준 그 직원이 고마웠다. 사람과의 관계가 이 직원처럼 되면 좋겠다. 너무 솔직해서 상처를 낼 정도가 아니라면 문제의 핵심을 벗어나지 않는 범위에서 자기 생각이 어떤 것인지, 분명히 밝히고 상대가 판단할 수 있는 여운을 주는 것은 자기 자신을 성장시키고 성공시키는 에너지라 할 수 있겠다.

누굴 위해 축원한다는 것은

직원 채용 면접을 했다. 채용 조건에 맞으면 누구나 면접을 볼 수 있다. 농촌에 둘러싸인 작은 도시에 자리한 이곳 청소년센터는 대도시에 비해 이직이 잦다. 학교를 졸업하고 취업을 했다가 경험이 쌓이면 대도시로 나가거나 자신의 연고지로 떠나는 직원이 다수다.

그런데 그 가운데서도 여러 유형의 사람을 본다. 후임자가 선정되면 인수인계뿐만 아니라 그동안 함께한 동료들에게 인사까지 나누고 작은 선물을 주고받으며 퇴사하는 직원이 있는가 하면 사표 의사를 밝힌 그날부터 나오지 않는 직원도 있다. 휴대폰도 끄고 연락이 되지 않는다. 남은 동료들이 발을 동동거리며 해당 직원 일까지 도맡아야 한다. 새 직원을 뽑을 때까지 남은 동료들이 고생할 수밖에 없다. 이보다는 낫지만 인수인계를 마치지 않고 중간에 관두는 직원도 있다. 남이 어떻게 느끼고 생각하는지 신경 쓸 만큼 마음의 여유가 없고 상대에 대한 배려가 없는,

자기만 생각하는 이들 때문에 애를 먹을 때가 한두 번이 아니다. 이번 공고에도 응시자는 없었다. 이런 경우는 가야 할 사람도 보내야 할 사람도 마음이 서로 불편하다. 가야 할 사람은 자신의 계획한 일에 차질이 올 것이고, 보내야 할 사람은 후임자가 올 때까지 더 일을 해 주었으면 한다. 서로 입장이 다르다. 결국 떠나는 직원에게 후임자가 올 때까지 좀 더 있어 달라고 간곡히 부탁했지만 거절당했다. 그런데 그 다음 날 아침 이 직원의 태도가 변했다. 직원이 뽑힐 때까지 근무하겠다는 것이다. 나로서는 정말 고마운 일이 아닐 수 없다. 어제는 단호히 거절했는데 마음이 변한 이유는 내 부탁 때문인가 하고 물었다. 그런 이유도 있지만 아버지 때문이라고 한다.

아버지는 아들에게 이런 말씀을 하셨다고 한다. "1년 남짓 다닌 그 직장은 너의 첫 직장이고, 후임자도 결정되지 않았는데 떠나는 것은 남은 동료들에 대한 예의가 아니다. 그리고 입장을 바꾸어 생각해 보라. 네가 상사라면 마음이 어떨 것 같으냐. 처음이 중요하니 너로 인하여 해결되어야 할 문제가 있다면 스스로 해결하고 마무리하는 법을 배워야 한다."고 일깨워 주셨다는 것이다.

직원이 뽑힐 것으로 예상하고 자취방 짐도 아버지가 가져간 상태였지만 아버지의 충고 덕분에 마음을 돌렸다. 그 직원은 한 달 남짓 더 근무했다. 떠나는 마당이어서 부담이 덜 했기 때문일까. 근무하면서 느낀 센터의 문제점도 지적했다. 문제점이라는 것은

용서는 나의 수행, 칭찬은 나의 기도

대부분 센터를 책임지는 나에 관한 것이었다. 나 역시 자기중심에 젖어 잘 한다고 여겼음을 그 직원의 충고로 알게 됐다. 늘 하던 대로 무심하게 지나쳤던 일이었다. 다시 마음을 추스르는 데 많은 도움이 되었다. 떠나는 날, 얼굴을 마주보며 작별 인사를 나누지 못했다. 다음에 오게 되면 양손 가득 찾아뵙겠다는 작별 문자만 남겼다.

지금은 어디서 무엇을 하는지 모르지만 그 직원의 앞날을 위해 간절히 축원했다. 좋은 소리는 바로 축원이다. 누굴 위해 축원한다는 것은 마음처럼 쉽지 않다. 자신의 자리를 자신이 만들 때 축원을 받을 수 있다. 국가를 원망하고 부모를 원망하고 주변을 탓하기 전에 내가 먼저 도움을 줄 수 있는 사람만이 감사와 축원을 받는다. 그러므로 축원은 남이 아니라 스스로 만드는 복이다.

가래떡 먹는 날

아침에 출근하니 롤스 과자 한 통이 결재 서류 사이에 놓여 있었다. 메모지에는 '스님 달콤한 하루, 당충전으로 피곤함을 잊으세요'라는 글귀도 함께했다. 과자를 보면 이제는 오늘이 어떤 의미 있는 날임을 안다.

'오늘 무슨 날인가' 하고 물으면 책상 위에 과자를 둔 직원이 얼른 앞으로 와서 설명한다. 몇 년간 이런 의미 있는 날을 겪으며 다른 도반들에 비해 적어도 '데이(day)'에 관해서 많이 알게 됐다. 단 것을 좋아하지 않지만 선물한 사람과 소통, 공감을 위해 보는 데서 자연스럽게 꺼내 먹는다.

나는 일 년에 몇 차례 이 직원 덕분에 '데이 선물'을 받는다. 매월 14일은 비공식적 기념일이다. 1월은 다이어리데이, 2월은 밸런타인데이, 3월은 화이트데이, 4월은 블랙데이, 5월은 로즈데이, 6월은 키스데이, 7월은 실버데이, 8월은 그린데이, 9월은 포토데이, 10월은 와인데이, 11월은 쿠키데이, 12월은 허그데이이다. 밸

런타인데이. 화이트데이를 제외하면 우리나라에서만 존재하는 기념일이다.

상업적 목적으로 만들어졌다고 비판하지만 젊은층, 특히 연인들 사이에서는 의미 있는 날로 자리 잡아 가는 중이다. '데이'는 거창하지 않지만 소소하게 주고받으면서 큰 기쁨을 누리는 날이다. 누구에게 작은 것이라도 건네는 것은 내 마음 속에 당신이 존재하며 함께하고 있다는 표현이다. 그 표현을 말로 행동으로 할 수 없을 때 우리는 물건을 매개체로 마음을 전달한다. 그것이 선물이다. 선물이 지나치면 부담이 되겠지만 그렇지 않는 범위 내에서 주고받는 것은 서로를 이어가는 보이지 않는 끈끈한 관계를 맺어준다. 선물과 인사는 제때 해야 한다. 특히 선물은 명분이 있어야 어색하지 않다. 아무런 명분이 없는데 선물을 주고받지는 않는다. 소원한 관계일수록 마음을 내고 명분을 만들어 선물한다면 관계는 끊어지지 않고 유지된다.

데이 중 11월 11일은 빼빼로데이다. 또 농업의 날이다. 농업인을 생각하자는 의미에서 정해졌지만 빼빼로데이에 밀려 퇴색되자 농림축산식품부는 가래떡 날로 지정했다. 우리 쌀 소비 확대를 위한 기념일로 지정한 것이다. 빼빼로데이 기념으로 롤스 과자를 선물한 직원이 내게 이런 제안을 했다. "혹 절에 묵은 쌀이 있으면 가래떡을 만들어 센터를 찾는 청소년들에게 하나씩 나누어주는 이벤트 행사가 어떠세요?"라고 물었다. '아, 이 방법이 있었구나' 내가 미처 생각하지 못한 부분을, 또 챙겨 가는구나 하는 생각에 스승은 멀리 있는 것이 아니고 늘 곁에서 서로 주고받는 작은 일깨움 속에서 존재하는 것 같다.

가을이면 묵은 쌀과 햅쌀 사이에서 많은 고민을 한다. 나누어 주기도 그렇고 어떻게 할 수 없어 묵은 쌀을 계속 먹다 보면 햅쌀이 묵은 쌀이 되기도 한다. 마침 이런 고민을 들킨 듯하여 나는 당장에 실천에 옮겼다. 불자들이 정성스럽게 올린 공양미를 더 많은 사람들에게 이런 방법으로 복을 짓게 할 수 있는 계기가 되었고 인스턴트 식품에 길들여져 있는 청소년들에게 우리 음식을 권장하는 일석이조의 기쁨을 얻게 되는 날을 만들게 된 셈이다.

이곳은 소도시이다. 하지만 주말이 되면 200여 명의 청소년들이 청소년센터를 이용한다. 올해는 가래떡 하나 나누어 주는 첫 시작이지만, 내년에는 맛있는 조청이라도 만들어 청소년 입맛에 맞는, **빼빼**로만큼 달콤한 가래떡을 나누고 싶다. 가래떡 먹는 날은 우리 음식문화를 선물하는 데이로 청소년들이 기억했으면 좋겠다.

내 아이는 유해 환경에서
안전한가?

가끔 많은 사람들이 이런 질문을 던진다. 요즈음 출산율이 낮아서 시설 이용이나 청소년 문제가 많이 줄었지 않느냐는 것이다. 그럴 때마다 이런 답변을 한다. "청소년 인구는 줄었지만 청소년 문제는 날이 갈수록 더 심각해진다."

청소년은 어른을 모방한다. 나쁜 행동도 따라 한다. 그중 하나가 도박이다. 도박은 결과가 불확실한 사건에 돈이나 가치 있는 것을 거는 모든 행위이다. 도박은 경쟁을 포함하는 놀이면서 금전적 이익을 노리는 사행(射倖)이다. 사행은 우연한 이익을 바라는 그릇된 마음에서 나온다.

최근 청소년들이 많이 하는 게임(피파온라인3, 메이플스토리, 리지니, 모두의 마블)은 합법이지만 그 안에는 사행성 요소(확률형 아이템)가 들어 있다. 청소년들은 자신도 모르는 사이에 도박에 빠지는 것이다. 그 액수가 용인 가능한 범위를 넘는다. 어른도 감당하기 힘든 금액이다. 도박 빚 2백~3백만 원은 예사이며, 천만 원

청소년기 도박 문제가 심화되면 성인까지 이어져 이혼, 실직, 자살 등과 같은 심각한 문제로 확대된다. 도박 중독은 정신 장애로 분류되어 전문치료를 받아야 하는 질병이다.

용서는 나의 수행, 칭찬은 나의 기도

을 넘는 아이들도 있다. 적은 돈으로 큰돈을 따는 한두 번의 경험 때문에 점점 더 깊이 빠져들고 베팅 금액도 커진다. 친구끼리 돈을 빌려주고 갚기를 반복하다가 빚은 늘어나고 결국 감당할 수 없는 상황에 이른다.

청소년 도박은 이처럼 몇 명의 특별한 문제가 아니다. 2000년대 초반 가정용 PC가 보급되면서 청소년 사이에 PC게임 열풍이 불었고 현재는 스마트폰으로 인해 너도나도 쉽게 접할 수 있게 됐다. 불법 도박 사이트는 정식 성인인증 절차를 밟지 않아도 돼 접속이 쉽다. 도박 문제는 개인의 타고난 기질, 가정 환경, 도박 환경 노출 등 다양한 요인이 작용하지만 또래집단 영향이 가장 크다. 청소년 누구나 쉽게 도박을 접할 수 있는 환경에 노출되어 있다는 것이다. 그래서 한두 명의 문제가 아니다.

청소년기 도박 문제가 심화되면 성인까지 이어져 이혼, 실직, 자살 등과 같은 심각한 문제로 확대된다. 도박 중독은 정신장애로 분류되어 전문치료를 받아야 하는 질병이다. 청소년들은 왜 도박을 할까?

첫째, 놀이 요소를 지니고 있다. 베팅하는 스릴과 쾌감, 돈을 따는 승리 경험까지 더하면서 매력을 느낀다. 돈을 잃으면 그 매력이 반감되어야 하는데 그 반대로 작용한다. 잃은 돈만큼 만회하고 싶은 마음이 강렬해지기 때문이다. 둘째는 학업 및 또래 관계에서 오는 스트레스를 잠시 잊기 위한 수단이다. 즉각적인 욕구 만족을 지연시킬 필요가 없기 때문이다. 돈을 따는 경험은 낮은 자존감을 보상하거나 또래에게서 영웅 대접을 받을 수 있다.

셋째, 주변 친구들이 다 하기 때문에 도박으로 인해 관계망이 형성돼 자신 의사와 상관없이 끌려가게 된다. 도박에 참여한다고 해서 모든 청소년에게 도박 문제가 발생하지는 않는다.

하지만 아래의 내용과 같은 것이 반복된다면 의심해 볼 필요가 있고 이런 청소년이 주변에 있다면 치료를 받을 수 있도록 해야 한다. 용돈을 자주 요구하거나 친구들에게 돈을 자주 빌린다. 컴퓨터나 스마트폰을 자주 이용한다. 친구들과 함께 또는 혼자서 PC방 출입이 잦아진다. 갑자기 가족들에게 고가의 선물을 하거나 용돈을 준다. 고가의 브랜드 용품이 갑자기 늘어난다. 낯선 사람으로부터 전화가 오거나 휴대전화 사용 요금이 많아진다. 귀가 시간이 늦어진다.

부모는 내 아이가 보통의 아이와 다르다는 불편한 진실을 받아들여야 한다. 그리고 부모들끼리 네트워크를 형성해서 내 아이처럼 관심 갖고 돌봐야 한다. 우리 아이들이 노출돼 있는 유해환경으로부터 보호하는 길은 이처럼 모든 아이를 내 자식처럼 대하며 어른들끼리 서로 유대관계를 형성하는 길밖에 없다.

화이트칼라 일자리

지난 연말 '청소년문화의 집' 직원 3명이 동시에 사직하는 바람에 어려움을 겪었다. 직원 한 명도 갑자기 그만 두면 업무 공백이 큰데 3명이 동시에 갑자기 나갔으니 혼란이 이만저만 아니다. 그만 두는 사람은 사정이 있겠지만 기관은 업무 마비가 불가피하다. '제 코가 석자'라고 자기 이익과 상황을 먼저 고려하는 그 마음을 이해 못하는 바 아니지만 싫든 좋든 몸담았던 기관과 남은 동료를 생각하는 배려도 사람이 살아가면서 꼭 필요한 인성임을 알아줬으면 좋겠다.

문제는 또 있었다. 졸업시즌이라 공고를 내면 지원자가 있을 줄 알았다. 하지만 몇 차례 공고를 냈지만 공백이 생긴 3명을 다 뽑기는 역부족이었다. 조급한 마음에 졸업했으면 일자리를 구해야 하지 않나? 그 많은 전공자들은 다 어디로 갔을까 하는 의문마저 들었다. 물론 우리 직장과 처한 환경이 갓 대학을 졸업한 젊은이들이 선호하는 직장과 거리가 있음은 잘 안다. 똑같은 채

용조건이면 시골보다 대도시를 선호하니 시골의 작은 도시에서 함께 일할 전문가를 찾기는 여간 어려운 일이 아니다. 모든 면에서 남들과 다르지 않으면 좋은 일꾼을 구할 수 없다. 그래서 우리 센터는 남·녀가 각각 거주할 수 있는 기숙사를 제공한다. 이 기숙사는 세원사가 마련했다.

방송은 연초부터 청년 실업률이 20%에 달했다며 걱정을 쏟아냈다. 정부는 청년 일자리 정책으로 청년희망 예산, 청년 고용절벽 해소라는 종합대책을 내놓았다. 하지만 백약이 무효다. 정규직과 비정규직, 대기업과 중소기업으로 갈라지는 노동시장에서 그 어느 누구도 비정규직 중소기업으로 가려 하지 않는다. 모두 안정된 화이트칼라 일자리를 선호한다. 일자리는 있지만 양질, 즉 높은 임금, 상대적으로 편한 업무, 전망, 충분한 휴가가 보장되는 직장을 찾기 때문에 이를 충족하지 못하는 대다수 직장은 양질의 인력을 구하지 못해 안달이다. 중소기업 비정규직 알바로 직업 전선에 뛰어든 이들조차 좋은 직장으로 가는 징검다리 정거장 정도로 여기지 평생 직업이라고 생각하지 않는다. 그래서 지금의 대다수 청년들은 늘 '취준생'이다. 양질의 일자리가 아닌 대다수 기업이나 단체는 곤욕스럽다. 높은 임금 미래 비전을 제시하지 못하니 사람 구하기도 어렵지만 구한다 해도 언제 떠날지 모르기 때문이다. 그리고 있는 동안에도 마음을 붙이지 못하고 늘 떠날 궁리를 하니 일을 제대로 익힐 리 없다.

우리나라뿐만 아니라 어느 나라든 양질의 일자리는 한정돼 있다. 그리고 최상의 직장을 구하는 인재는 아주 극소수다. 가장 좋은 직장을 구하기 위해서는 좋은 대학을 나오고 최상의 실력을 갖춰야 하며 극심한 경쟁을 해야 하는 이중구조 때문에 첫 직장을 선택하는 청년들의 선택이 신중하기 때문이다. 또 하나는 모두가 안정된 일자리, 화이트칼라 일자리를 찾기 때문에 이런 현상이 일어나는 것이다. 일자리가 없는 것이 아니다. 일자리는 있어도 그 일자리에 내 삶을 온전히 맡길 수 없다는 불안감에 방황을 하는 것이다. 그래서 늘 취준생에 머물며 그때그때 필요할 때만 손쉬운 일터로 나가서 잠시 잠깐 있는 곳으로 생각하기 때문에 온전한 직업의식을 갖지 못하는 폐단이 생기는 것이다. 직장을 구했다 할지라도 거기에 합당한 직업의식이 있어야 하는데 없다. 늘 아르바이트 생각으로 머물러 있기 때문이다. 직장을 그만두고 나오는 것도 질서가 있다. 사직서만 제출하여 나오는 것으로 끝나는 것이 아니다. 적어도 후임자가 선정이 되고 그 후임자에게 자기가 하던 일을 인수인계하고 나오는 것이 직업에 대한 윤리이며 책임 의식이다.

이 윤리와 책임 의식은 시간이 갈수록 점점 희박해져 가고 있는 이유는 무엇일까?

각자의 있는 자리에서 곱씹어 생각해 볼 필요가 있다.

'진주'가 나오는 것은 전복이라는 조개의 살이 썩는 고통을 겪은 뒤에 나오는 결정체라고 한다. 화이트칼라가 되고 싶고 모두에게 빛나는 진주가 되고 싶다면 조개의 살이 썩는 고통을 겪어야 한다. 그 고통 없이 그저 얻어지는 것은 없다. 대학에서는 전공은 매우 중요하다. 그 전공을 살릴 수 있는 직업을 선택하는데 꼭 화이트칼라 일자리만 있는 것이 아니다.

매년 많은 청년들이 졸업과 동시에 일자리를 찾아 현장에서 뛰는 것보다는 취준생으로 머물러 버리는 경우가 많다. 몇 년을 고생해서 화이트칼라가 되면 좋은데 그렇지 못할 경우 내 젊음에서 얻을 수 있는 귀중한 경험들을 어디서 보상 받을 수 있겠는가.

학교에서 배우고 익힌 전공을 현장에서 부닥치고 경험하다 보면 내 스스로 만족하는 화이트칼라 일자리로 만들어 갈 수 있을 것이다. 그런 세상이 바로 정토가 아니겠는가.

다른 시대를 살고 있는
부모와 자녀

명절이라 엄마 손에 이끌려 인사하러 온 중학교 2학년 여학생 얼굴은 평소에 보던 모습이 아니었다. 어색한 화장 솜씨, 눈에 확 들어오는 립스틱을 바른 입술을 보고 한마디 던졌다. "중학생인데 벌써 화장을 하면 그 예쁜 피부가 빨리 망가진다. 안 했으면 좋겠다."

학생은 학생다워야 한다는 생각에서 화장한 얼굴에 거부감이 들었던 모양이다. 타이르면 '그렇게 하겠습니다'며 수긍할 줄 알았는데 그 반대였다. "화장을 안 하면 왕따 당하고 같이 놀아 줄 친구가 없기 때문에 해야 한다."며 또박또박 반박했다. 아이의 화장이 마치 자기 잘못인 양 엄마가 변명했다. 매일 하는 것은 아니고 가끔 한다며 애써 감쌌다.

초등학교 때부터 여학생들은 화장품을 선물로 주고받는다고 한다. 어떤 엄마는 딸아이가 받아오는 화장품을 수없이 버리고 야단도 치고 달래기도 했지만 듣지를 않아 서울로 전학을 갔다.

환경을 바꾸면 달라질까 하는 '맹모삼천지교'를 감행한 것이다. 그러나 상황은 마찬가지였다. 화장품 교환은 없었지만 서울 여학생들 사이에서는 대신 예뻐 보인다며 렌즈 착용이 유행이었다. 렌즈를 하려면 7시간 이상은 자야 한다고 공부를 하지 않더란다. 화장품과 렌즈만 다를 뿐 미모 가꾸기가 어린 여학생들에게는 가장 큰 관심이었던 셈이다. 아이들 문화를 보고 그냥 지나치기 답답한 엄마의 심정은 필자도 100% 공감한다. 화장을 하든 렌즈를 끼든 그 문화를 받아들이면서 그보다 더 중요한 인성이 올곧게 자리잡을 수 있도록 많은 사랑으로 보듬어 간다면, 내 아이는 스쳐 지나가는 유행에 더 성숙해질 것이다.

어른들은 왕따가 큰일이 아니라고 생각한다. 옛날에도 왕따는 있었지만 큰 문제가 아니었다. 그 이유는 따돌림보다 배고픔이 더 문제였기 때문이다. 왕따가 문제 아닌 것이 아니라 그보다 훨씬 급하고 큰 문제가 덮고 있었던 것이다. 배고픔이 사라지자 가려져 있던 따돌림이 수면 위로 드러났다. 배고픔이 본능적 욕구라면 따돌림은 존중 사랑 소속 등 사회적 욕구다. 둘 다 인간이 누려야 할 기본 욕구다.

배고픔의 서러움을 깊이 체험하고 자란 기성세대 입장에서는 사회적 욕구는 사치로 보일지 모른다. 그래서 화장을 하지 않으면 친구들에게 따돌림 당한다고 우는 손녀 또래 아이를 보고 자기도 모르게 혀를 찬다. 배부른 소리 한다고 꾸짖는다. 하지만 인간은 단지 배부르다고 해서 모든 욕구가 해결되는 짐승이 아니

개인의 욕망, 개성 등은 생각할 겨를 없이 가족을 앞세우
고 집단을 우선하던 기성세대 사고로 요즘 아이들을 재단
해서는 안 된다. 하고 싶은 일을 하기 위한 스펙 쌓기가 아
니라 스토리를 만들어가는 교육이 필요하다.

다. 인간은 남들로부터 존중 받고 어딘가에 소속되며 주변으로부터 인정받을 때 자신이 인간이라고 느낀다. 그러므로 '왕따'는 한 사람의 목숨을 앗는 가장 극악한 행동이라고 해도 틀린 말이 아니다.

우리나라가 1인당 국내총생산이 1만5천불에 도달할 때가 2004년이다. 이를 전후로 태어난 아이들이 요즈음 초등학생, 중학생이다. 어른이 인격 형성기를 1만5천불 이하에서 보냈다면 이 학생들은 태어날 때부터 1만5천불 이상에서 살아 왔다. 선진국으로 진입하던 무렵 태어나 경제 강국 시대에 청소년기를 보내는 요즘 아이들은 자신들의 부모와 성공과 행복, 생활 패턴, 생각의 기준이 다를 수밖에 없다.

개인의 욕망, 개성 등은 생각할 겨를 없이 가족을 앞세우고 집단을 우선시하던 기성세대 사고로 요즘 아이들을 재단해서는 안 된다. 먹고 살기 위해서 하기 싫은 일을 해야 하는 시대가 아니라 하고 싶은 일을 해야 살 수 있는 시대이다. 그래서 교육도 달라져야 한다. 하고 싶은 일을 하기 위한 스펙 쌓기가 아니라 스토리를 만들어가는 교육이 필요하다. 미래의 성공은 책상에서가 아니라 노는 시간을 어떻게 보내느냐에 달렸다고 하는 시대다. 많은 지식을 갖춘 전문가를 양성하던 시대에 교육받은 부모 세대의 경험과 관점으로 아이들을 지도하고 교육하기를 멈춰야 한다.

아무리 세대가 바뀌어도 달라지지 않는 교육철학이 있다. 바로 삶의 태도다. 자신을 사랑하고 주변을 챙길 줄 알며, 무엇이든 열정적으로 임하는 적극적 태도와 생활 자세를 일러주는 '밥상머리 교육'은 여전히 유효하다.

우울한 5학년 건아

세원사 어린이 법회를 나오는 초등학교 5학년 건아는 요즘 우울하다. 학교에 갈 수 없고 친구를 만날 수 없어서다. 건아는 빨리 학교를 가고 싶다고 말한다. 처음 휴업령이 떨어질 때만 하더라도 환호성을 지르던 아이들이 학교를 가지 못하는 시간이 길어지자 이제 빨리 가고 싶다고 아우성이다. 건아가 학교 갈 날을 정하는 결정권은 바이러스가 쥐고 있으니 건아도 건아 부모도 옆에서 지켜보는 스님도 답답하다.

언제 끝날지 모르던 상황이 바이러스가 잦아들기 시작하면서 학교도 아이들 맞이할 준비에 들어갔다. 온라인 수업을 하면서도 지역 사정에 따라서 학교 수업도 병행한다는 교육 당국의 정책에 따라 건아네 학교도 우선 점심 배식 준비에 들어갔다. 학교 급식실 이용, 개인 도시락 지참, 대체식(빵, 우유) 세 가지 중 하나를 선택하는 설문지가 집으로 배달됐다. 부모님이 건아 의견을 물은 모양이다. 건아는 "친구들과 이야기 하며 급식하는 것이 학교생활에서 가장 재미있는데 그걸 어떻게 포기하느냐."며 항변했다고 한다. 그러나 항변과 달리 건아는 도시락을 선택하고는 몹시 슬픈 표정을 지었다. 아직 급식실 문을 열 수 없는 현실을 알고 할 수 없이 차선책을 선택한 것이다. 초유의 사태에 어른도 힘들지만 아이들도 힘들고 슬프고 우울하다. 학교가 문을 닫아 숙제를 하지 않아도, 공부를 안 해도 되니 마냥 좋아할 것으로 생각했는데 아이들에게 학교는 그보다 훨씬 많은 가치와 재미를 지닌 곳이었다. 친구들과 떠들고 뛰어놀며 함께 밥 먹는 생활, 선생님과 대화하고 친구와 토론하며 배우는 그 모든 과정과 생활이 아이들에게는 소중했다. 학교는 지식을 습득하여 원하는 학교에 진학하는 지식 공장이나 친구와 경쟁하여 이겨야 하는 정글 정도로 여기는 어른의 편견이 잘못됐음이 드러났다.

2020년 4월 9일부터 사상 초유의 원격수업이 시작됐다. 165개국 학교가 휴업중이고 전 세계 학생의 87%인 15억 명이 학교에 가지 못하는 상황에서 온라인 수업이 열렸다. 많은 우려에도 불구하고 달리 대안이 없는 상황이다. 그나마 우리나라를 비롯한 선진국은 인터넷 보급망이 원활하고 데스크탑, 노트북, 스마트패드, 스마트폰 등 기기가 많이 보급돼 문제가 없지만 대부분의 나라가 온라인 수업을 감당하지 못한다. 잘 사는 나라와 못 사는 나라 처지가 확연히 구분된다. 같은 나라 안에서도 혼자서도 할 수 있는 고학년과 그렇지 못한 저학년이 다르다. 맞벌이 부부와 전업 주부 가정이 또 울고 웃는다. 처음 있는 일이다 보니 생각하지 못한 문제가 수없이 불거졌다.

가장 큰 문제는 교육의 근본에 관한 것이다. 교사의 지식 전달이 교육의 전부가 아니다. 몸으로 부대끼고 얼굴을 맞대며 말로 주고받는 접촉과 대면을 통해 수시로 지식 전달과 축적이 이뤄진다. 모든 것이 새롭고 낯선 아이들은 선생님에게 끊임없이 묻고, 또래 친구와 접하며 사회 질서를 익히고 예의를 배우며 지혜를 쌓는다. 말을 하지 않아도 표정과 입 모양과 몸짓만으로도 이해하고 학습하며 체화(體化)한다. 온라인 수업이 따라갈 수 없는 영역이다. 어른들은 지식 전달이 원활하지 않은 인터넷 사정 등 기술 문제에만 관심을 가졌지 정작 중요한 교육의 근본은 알아채지 못했다. 나 역시 건아가 그토록 우울한 표정으로 찾아와 자기가 처한 어려움을 털어놓지 않았으면 몰랐을 것이다.

코로나19가 끝난 후 지난 몇 개월 간의 교육 공백이 청소년들 정서에 어떤 영향을 미쳤을지 걱정이 앞선다. 게임을 하면서 시간을 보냈다는 등 염려되는 소문이 많이 나돈다. 하루빨리 이 상황이 끝나고 우울해 하는 건아의 마음에도 봄꽃이 가득 했으면 좋겠다.

'학교 밖'과 '학교 안' 청소년

가장 모범적으로 운영한다고 자타가 공인하는 시점에 '보령시 청소년 문화의 집'에서 폭행 사건이 일어났다. 원인과 결과가 뚜렷이 보이는 사건이었다. 5개의 센터는 하루아침에 폭행을 막지 못한 무능한 기관으로 매도됐다.

관리자인 내 입장에서는 있을 수 있는 일을 너무 확대하는 것이 아닌가 생각했다. 피해자 입장에서는 관의 위탁을 받아 운영하는 청소년 기관에서 있을 수 없는 일이라고 여겼다. 그래서 전후 사정을 무시한 채 언론에 고하고 관심을 끌려고 했다. 일은 그렇게 커졌다. 변명의 여지가 없었다. 청소년이 보호를 받아야 할 곳임에도 불구하고 폭행사건이 일어났기 때문이다. 그것도 학교의 선생님과 청소년지도사가 있는 자리에서였다.

폭행이 일어난 이유는 이러했다. 중학교 2학년에 자퇴를 한 학생을(학교 밖 청소년) 학교로부터 의뢰를 받아 1년 가까운 시간을 두고 관리했다. 다시 학교로 갈 수 있는 제도인 검정고시에 합격시켜 고등학교를 갈 수 있는 자신감이 생겼다. 그래서 센터의 이런저런 프로그램에 참여하고 있었다. 학교 안 몇몇 친구들이 SNS로 입에 담지 못할 언행을 일삼으며 이 학생을 괴롭혀 온 모양이다. 참다 견디지 못할 학생이 학교 다닐 때 자신의 자퇴문제에 관여했던 학생부장 선생님께 상담을 의뢰했고, 그 상담에 응한 선생님은 SNS에 가담한 학생들을 데리고 퇴근길에 센터에 머물고 있는 청소년을 만나기 위해 왔다. 화해시키기 위해서였다. 선생님 입장에서 보면 자퇴하고 나간 학생까지 상담을 해주고 관리해야 하는 의무는 없다. 그러나 평소에 이 선생님은 학생을 내 자식처럼 아끼고 함께해 학교 안이든 밖이든 다 제자라고 생각했던 듯하다.

선생님의 좋은 의도와 달리 그 자리에 있었다는 이유만으로 문제를 야기시킨 교사로 질타 받았다. 화해를 시키려 이야기하는 도중 감정이 격해진 학교 밖 청소년이 주먹을 휘두르면서 일은 최악으로 결론 났다. 감정조절이 안 돼 폭행한 것은 잘못이지만 원인을 제공했기 때문에 이런 결과를 얻게 되었다는 것을 아무도 인식 못하는 것이 문제였다.

문제는 부모였다. 청소년들끼리 폭행이 있었다 할지라도 경찰서에 고발하기에 앞서 왜 이런 일이 일어났는지, 내 아이가 무슨 원인 제공을 했기에 이런 폭행을 당했는지 찾아야 하고 내 아이는 문제가 없는지도 차분하게 살폈으면 좋았을 텐데 하는 아쉬움이 들었다. 무작정 경찰에 고발하면서 일은 커졌고 교육을 통해 해

용서는 나의 수행, 칭찬은 나의 기도

결할 기회도 놓쳤다. 법보다 인간이 먼저다. 인간적으로 안 될 때는 법으로 해결하는 방법밖에 없다. 그런데 감정에 격한 우리들은 인간적 해결에 앞서 법을 먼저 내세운다. 우선 다친 내 마음을 법으로 보상 받으려 하는 것이다. 그러나 돌고 돈다. 모두 같은 대응을 하면 나 역시 언젠가는 그 순환 고리의 피해자가 된다는 사실을 알았으면 좋겠다.

우리 센터는 건전한 청소년을 위한 문화 공간과 상담 공간도 있지만 자퇴한 청소년을 학교나 사회에서 적응할 수 있도록 하는 청소년 지원센터 '꿈드림'도 운영한다. 학교 안이든 밖이든 청소년이라면 누구나 이 공간을 이용할 수 있다. 비록 제도 밖으로 밀려 났지만 다시 그 제도 안으로 돌아갈 수 있도록 도와주어야하는 것이 내 몫이니까.

흙 친구

세원사 안에 작업실 겸 도예 체험장을 만들어 청소년들이 흙을 접하며 놀게 한 시간이 15년이 훨씬 넘었다.

많은 청소년들이 이곳을 거쳐 갔다. 개인적으로 전혀 모르는 아이들이다. 단순히 프로그램에 참여하는 수준이고 내가 직접 지도하지 않아 개개인들 얼굴이나 이름을 모른다. 그러나 우리 학생들이 만든 작품을 보면 개인별 성격과 감성, 얼굴 모습을 대충 짐작한다.

학생들이 만든 작품을 모아 일 년에 한 번 전시회를 연다. 모든 아이들의 작품이 전시회에 나간다. 지난해 전시회 개막식 날 초등학교 5학년 학생이 이런 체험담을 들려주었다.

"첫 수업 때 선생님께서 흙으로 빚어서 만들고 구우면 작품이 된다고 말씀하셔서 정말일까? 생각했습니다. 처음 흙을 만졌을 때 말랑말랑하면서도 시원하고 부드러워서 흙을 만지는 느낌도

많은 청소년들이 부모님 등쌀에 공부를 왜 해야 하는지도
모른 채 책상 앞에 앉아 있다. 만일 공부하는 것이 즐겁고
보람차다고 느낀다면 얼마나 행복할까?

좋고 내가 생각했던 대로 흙 친구가 모양이 변해 가는 과정을 보니 신기하고 놀라웠습니다. 게다가 많은 분들이 제 작품과 친구들 작품까지 관람하고 간다니 정말 영광입니다."

짧은 시간이지만 있는 그대로 자신의 감성을 표현하고 생각하는 대로 모양을 만들면서 아이들은 마음먹은 대로 할 수 있다는 자신감을 배운다. 이러한 경험을 통해서 때 묻지 않은 순수한 감성을 일깨운다면 이보다 더 좋은 교육 효과는 없을 것이다. 흙을 친구라고 표현하는 순수한 감성에 그 동안 공방을 운영하면서 힘들었던 모든 일을 털어 버릴 수 있었다.

살아가면서 함께할 친구가 있는 사람은 행복하다. 그런데 친구를 만드는 것은 자신이다. 정말 좋은 친구를 갖기를 원하면 내가 먼저 그에게 둘도 없이 좋은 친구가 되면 된다. 하물며 친구가 있어도 친구로 여기는 마음이 없다면 아무리 좋은 기회가 주어져도 결국 일회용 도구에 불과하거나 지나쳐 버릴 것이다. 사람이든 물건이든 도구이든 일상에서 하는 모든 것이 친구가 될 수 있다. 더 없이 좋은 친구로 만드는지, 잠깐의 도구에 그칠지, 아니면 모르고 지나칠지는 전적으로 자신이 하기에 달렸다. 함부로 하지 않고 아끼고 사랑하고 품고 보듬는다면 '그'는 영원히 내 곁에서 함께할 것이다.

체험으로 만든 작품은 함부로 하지 않는다. 마음으로 다가간 친구이기 때문이다. 그것이 어느 곳에 놓이든 창작자인 그 청소년은 작품을 볼 때마다 당시 느낌을 생각하면서 흐뭇해 할 것이

용서는 나의 수행. 칭찬은 나의 기도

다. 많은 것을 경험하게 해주는 교육을 우리는 산교육이라 한다. 특히 오감으로 느낄 수 있는 체험적 행복은 평생 동안 나의 몸과 마음 머릿속에 잠재하기 때문에 소홀히 할 수가 없다.

현재 많은 청소년들이 부모님 등살에 공부를 왜 해야 하는지도 모른 채 책상 앞에 앉아 있다. 만일 공부하는 것이 즐겁고 보람차다고 느낀다면 얼마나 행복할까? 행복한 삶은 물질적인 것보다 행복에 대한 우리의 인식에 달려 있다고 본다. 행복한 삶에 대해 가지고 있었던 우리의 인식을 바꾸어야 한다. 행복은 멀리 있는 것이 아니고 내 안에서 찾아가야 한다. 아무리 많은 재산을 가지고 있더라도 그것이 주는 행복감은 그리 오래 가지 않지만 동시에 우리는 길에 피어 있는 야생화 한 떨기로부터 아름다움을 느낄 수 있는 잠재력을 가지고 있다. 그 잠재력으로 스스로를 변화시킬 수 있는 가능성을 포기하지 않도록 환경을 만들어 주어야 할 것이다. 특히 청소년기에는 더욱 그러하다.

행동이 따라주지 않는 인성

최고 인재는 머리만 잘 쓰는 사람이 아니라 마음도 잘 쓰는 사람이라고 한다. 흡연자는 담배가 인체에 이로움은 전혀 없고 해만 끼친다는 사실을 잘 안다. 알면서 끊지 못하는 이유는 피우고 싶은 욕구가 더 강하기 때문이다. 그 욕구는 피워서는 안 된다는 이성보다 더 크다. 이성과 감성이 잘 조율되어 합리적 조화를 이룰 때 이를 인성이라 한다. 지식사회에서 인성이 중시되는 사회로 전환하는 시점이다. 인간 지식은 인공지능을 능가할 수 없는 제4차 산업혁명시대를 맞아 인성은 더 중요한 덕목이 됐다.

얼마 전 시에서 주관하는 '아동친화도시' 추진위원회에 참석한 적이 있다. 아동친화도시는 유엔아동권리협약이 지방정부의 시스템에서 실현되는 것을 목표로 삼는다. 이에 따른 사업은 아동의 권리를 지역의 공공정책으로 제도화하고, 아동과 그 가족들에 대한 지역적 대책, 또 아동의 생활환경에 대응하는 혁신적 행

용서는 나의 수행, 칭찬은 나의 기도

동계획이다. 아동이 주체가 되고 아동과 관련된 모든 분야에 대한 단체장의 결정에 영향을 준다. 현재 우리나라는 9개 도시가 인증을 받아 활동 중이다. 선거권이 없는 아동청소년 사업은 늘 다른 사회복지사업에서 밀린다. 그런 현실에서 아동친화도시를 계획하고 수립하는 사업은 청소년 사업 참여자라서 정말 반가운 소식이다. 하지만 도시(외형)만 친화도시로 만들고 행동이 따라 주지 않는 인성을 가진 아동 청소년이 더 많다면 이 역시 문제다. 살기 좋은 도시와 아울러 인성을 갖춘 아동 청소년을 길러내는 도시로 공존해야 한다.

4차 산업혁명 시대를 사는 요즈음 아동 청소년에게는 무엇이 옳고 그른가를 일깨워 주는 어른이 없다. 대가족 아래에서는 인성이 자연스럽게 몸에 배도록 가르쳐 주는 어른이 많았다. 조부모에다 아버지와 같은 형, 엄마 같은 누나, 사촌 같은 이웃들 틈속에서 보고 배웠다. 책을 보지 않아도 무엇이 옳고 그르며 어른을 공경하는 법, 이웃들과 어울려 사는 법, 공동체 규칙 등을 익혔다. 내 자식 내 형제 자매가 아니어도 싸우면 나무라고 욕을 하면 경책했다. 한 명의 아이를 키우는 데 온 마을이 나섰다.

지금은 지식은 최고 수준이지만 행동이 따라 주지 않아 문제다. 아무리 좋은 생각과 의도를 가지고 있다 할지라도 행동으로 옮겨 실천이라는 꽃을 피워내지 못하면 가치가 없다. 아동 청소년 인구는 줄어드는데 폭력을 쓰는 문제 아동은 더 늘고 있다. 왜 그럴까? 아이들에게 공부벌레가 되라고 요구하기 때문이다.

그 교육이 온통 경쟁이다. 위로 올라가는 교육, 남을 딛고 군림하며 과실을 독식하는 지식 채우기를 최선으로 포장하고 부추기는 교육에 내몰기 때문이다. 오직 살아 남는 경쟁만 부추기는 교육에는 우리가 없다. 배려도, 양보도, 이해도 없다. 그 같은 인성은 패배자의 넋두리며 변명으로 치부한다. 단 한 명만 살아남는 경쟁에서 99명은 패배자다. 대다수가 패배자로 낙인찍히고 절망하는 교육 풍토에서 아이들은 원망과 좌절 아니면 폭력에 기댈 수밖에 없는지 모른다.

불교는 마음(心)공부를 수행으로 삼는다. 이는 우리나라 인성교육의 핵심이다. 무한경쟁, 만인대 만인의 투쟁으로는 미래가 없다는 자각을 한 교육당국은 얼마 전부터 인성 교육에 매달린다. 해답은 불교에 있다. 이기적 생각을 버리는 나눔 실천, 자기 감정 행동을 알아차리는 연습, 자연 속에서 공부벌레를 잡아내는 쉼, 마음공부 하나만으로 훌륭한 어른으로 만드는 교육이 될 수가 있다. 그래서 불교는 더더욱 아동 청소년 교육과 포교에 관심을 기울여야 한다. 이론만 무성한 지식이 아닌 지혜를 중시하는 불교 교리, 불교 인간관 세계관이 아동 청소년 교육 현장에 뿌리 내릴 때다. 지식은 인공지능이 대신할 제4차 산업혁명시대는 지혜로운 인간을 요구한다.

스마트폰과 스마트한 삶

스마트폰은 이제 국민 필수품이다. 사물의 이치가 그러하듯 스마트폰 문화 역시 순기능과 역기능을 갖고 있다. 그런데 역기능이 심각하다. 특히 청소년들에게 그렇다. 사회문제로 대두될 정도다.

청소년 스마트폰 사용에 따른 문제가 사회문제화 되면서 정부 및 지자체 등 관련 기관이 해결책을 제시하기에 이르렀다. 유형별, 연령별, 성별 특성을 반영한 맞춤형 정책을 내놓고 있다. 스마트폰은 컴퓨터와 다르게 휴대하기 편하며(휴대성), 언제(즉시성), 어디서든(확장성), 빠른 속도로 인터넷에 연결이 가능하다는 큰 장점을 지니고 있다. 반면 이러한 장점으로 인해 피해도 늘어나고 있다. 단톡방에서 험담, 따돌리기, 욕설, 음란물 유통, 성희롱 발언 등이 스마트폰으로 인한 대표적인 사회적 역기능이다. 스마트폰은 음성통화, 문자 이용뿐 아니라 게임, 소통, 검색, 공부 등 다양한 기능이 탑재돼 있어 매력적인 기기이지만 이를 잘 조절하지 못하면 자신과 주변을 해치는 흉기로 변모할 수 있다. 성인에 비해 자기조절 능력이 떨어지는 청소년에게 스마트폰이 단점으로 작용하는 것도 이 때문이다.

스마트폰의 역기능 때문에 이를 버릴 수는 없다. 문제는 과다 사용이지 스마트폰이라는 기계가 아니다. 요즘 아이들은 아마 일생을 스마트폰과 함께할 것이다. 유치원에 들어가면 아이의 손목에는 키즈폰이 채워진다. 안전과 연락 수단으로 부모가 챙겨준다.

지난해 보령시 청소년 상대로 스마트폰 실태조사를 한 결과를 살펴보면, 조사대상자 중 98.3%가 스마트폰을 사용하는 것으로 나타났다. 처음 사용한 시기는 초등학교 4~5학년이 43.0%로 가장 많았으며 다음으로 초등학교 1~3학년이 32.3%로 나타났다. 하루 사용시간은 3시간 이상이다. 가장 많이 사용하는 것은 SNS, 게임, 음악, 동영상 순서로 나타났다. 보령시 청소년 대상 설문조사에 나왔듯 초등학생이 되면 거의 대부분 스마트폰을 갖는다. 부모도 당연한 줄 알고 준비한다. 태어나면서 얻게 되는 주민번호처럼 나만이 가지는 고유의 번호가 내 이름을 대신하기도 한다. 스마트폰이 있어야 교우관계 학교생활을 잘 할 수 있다고 생각한다.

이런 현실 속에 스마트폰이 없는 10대 학생 청소년은 상상하기 힘들다. '내것'이라는 소유욕이 생기는 아이들에게 필수품과 같은 스마트폰이 없다면 그 상실감은 상상하기 힘들 정도다. 그래서 청소년에게 무조건 멀리 하라고 금지하는 것보다 의무예방교육을 통해서 올바른 미디어 이용 습관을 조기에 형성하는 것이 무엇보다 중요하다. 우리 청소년센터도 프로그램 중 빠지지 않는 것이 인터넷, 스마트폰 중독에 따른 치유와 예방이다. 이 교육을 받은 후 이용 습관이 얼마나 나아지고 효과를 보고 있는지 정확한 결과를 돌출하지 못했지만 정부 지자체 정책과 발맞춰 더 나은 맞춤형 서비스 개발에 박차를 가하고 있다.

얼마 전, 용돈을 털어 올해 수능을 치른 수험생 한 명에게 스마트폰을 선물했다. 세원사 청소년 법회 법우다. 그 아이에게는 첫 스마트폰이었다. 왜냐하면 보령에서 스마트폰을 사용하지 않는 청소년 0.7%에 속한 아이였기 때문이다. 초등학생만 돼도 거의 다 갖고 있는 스마트폰을 그 아이는 수능이 끝날 때까지 갖지 않겠다고 스스로에게 약속했고, 온갖 유혹을 물리치고 지켰다. 그 인내력이 나 스스로 지갑을 열게 했다. 이런 의지라면 스마트폰으로 자신의 삶을 스마트하게 만들어갈 것으로 확신한다.

특별한 선물

지난해 2월 SNS를 뜨겁게 달군 '깔창 생리대' 이야기를 듣고 나는 청소년 일을 하는 한 사람으로서 매우 부끄러움을 느낀 적이 있다. 대한민국의 모든 청소년에게 다 지원을 해주지 못할망정 내 주변에 있는 청소년조차 이런 문제에 노출되고 고민하고 있다는 것을 인지하지 못한 어리석음이 부끄러웠다.

그리고 얼마 후 안타까운 사연을 접한 많은 시민들이 생리대를 기부하고 십시일반으로 힘을 합쳐 크라우드펀딩에 앞장을 서자, 지방자치단체도 발 벗고 나서 생리대 후원 사업을 시작했고, 20대 국회에서는 한 국회의원이 여학생들의 기본권을 지켜 주기 위해 중·고등학교 내 생리대 필수 구비를 골자로 학교보건법 일부 개정 법률안을 발의하였다. 이에 여성가족부와 이마트가 제휴하여 저소득층 여학생에게 3개월분씩 생리대를 지원하고 있다.

보건소와 보건지소, 지역아동센터, 청소년센터에서도 물품을 수령하여 이용자에게 지급하고 있다. 공개적인 장소에서 받아가 도록 해서 청소년 입장을 배려하지 않고, 청소년 기본법 나이로 는 9세에서 24세인데 11세로 제한하는 것도 문제가 된다고 지적 된 바 있다.

하지만 어떤 일이든 문제는 있다. 그 문제는 하나하나 시정해 나가면 된다. 생리대 인상으로 불거져 나온 한 여학생의 슬픈 사 연이 청소년 복지사각지대에 놓인 한 부분을 찾아 해결한 듯하지 만 여전히 어린이, 노인복지 정책에 비하면 청소년복지 정책은 상 대적으로 많이 소외되고 있는 것은 사실이다.

지난 3월에 전국 비구니회 충남지회 총회가 있었다. 지회 총회 때 지회를 중심으로 나눔 사업을 하자고 했을 때 한 스님께서 생 리대 문제를 발언해 주셨다. 정신이 번쩍 들었다. 이 문제가 불거 져 나왔을 때 무거운 마음뿐이었고, 또 청소년센터로 보급되는 생리대 물품만 전달하는 것만으로 어느 정도 역할을 했다고 위 안 삼고 있었을 뿐이었다. 지회에서 이 사업을 추진한다는 것은 생각조차 하지 못한 것이다. 모든 회원의 동의를 얻어 부처님오 신날 나눔의 행사 일환으로 전국비구니회 충남지회 회원(50명)은 충남지역 14개 시·군 지역에 각 10명씩 저소득층 여학생들을 선 발하여 총 140명에게 생리대 1년 사용 분량(530만원)을 전달했다. 감수성 예민한 청소년기 인권을 고려하여 각 지역별 명단을 받 아서 택배로 전달했다. 그중 몇 개 지역에서는 물품을 받은 여학 생이 답신을 보내오기도 했다. 그중 한 곳을 소개하자면, "태안에 살고 있는 ○○○ 학생입니다. 정성을 담아 보내주신 특별한 선물 잘 받았어요. 귀한 마음 생각하여 잘 쓰겠습니다. 감사합니다."라는 글이다.

이런 답신을 받고자 한 것은 아니다. 하지만 비구니 스님들이 지역의 어려운 청소년들을 보듬어 가고 있다는 것, 힘들 때 사찰을 찾아갈 수 있도록 문을 열어 준 계기가 되었을지도 모른다. 작은 것이지만 그들에게는 큰 희망이 될 것이고 그들 중에는 발심을 꿈꾸는 청소년이 있을지도 모른다. 올해는 청소년대상으로 했지만 내년에는 또 내년에는 어떤 계층 포교로 불교를 알릴지 모르지만 우리 주변에 돌아보면 국가의 혜택도 받지 못하는 사각지대가 많다. 먼 나라가 우선이 아닌 우리 주변부터 챙겨가야 하지 않을까 싶다. 다른 지역도 사정이 다르지 않겠지만 특히 충남지역 사찰은 열악하다. 어려운 환경에서도 뜻을 함께해 준 스님들이 계시기에 이 일을 할 수 있었다.

대한민국청소년합창제를 보고

부산 파라미타가 주최한 제7회 청소년합창제 영예의 대상은 대천여자중학교 '옥갓티코러스' 합창 동아리가 차지했다. 교구본사에서 먼저 알고 소식을 전해 주었다. 처음 소식을 전해 들었을 때 이 지역에 그런 불교합창단이 존재하는지 몰라 어리둥절했다. 지역에서 20년 가까이 청소년 사업을 하면서 학교 안에 나도 모르는 불교청소년합창단이 존재한다는 사실이 믿기지 않았다.

그 이유가 밝혀졌다. 파라미타가 주최한다고 해서 불교 청소년 합창단만 참여 자격이 있는 줄 알았던 것이다. 부산 파라미타는 부산시로부터 합창제를 위탁 받아 주최해 참가 자격은 종교와 지역을 막론하고 청소년 합창 단체면 누구나 참여가 가능했다. 대상을 받은 대천여중 합창 동아리는 불교와 관련 없는 학내 동아리였던 것이다. 어쨌든 소식을 접하고 학교에 축하 꽃다발을 보냈다. 불교 청소년 단체가 주최한 행사인데다 우리 지역 학생들이 최고상을 받았기 때문이다. 지도교사가 이 지역에서 제일 큰 교회 합창단 지휘자라고 했다. 종교를 떠나 진심으로 축하하는 마음과 넉넉한 불교 인심을 보여주고 싶었다.

불교단체 이름을 걸고 국가나 지방단체 보조금을 받아 운영하는 시설이나 공모사업은 종교 색채를 나타내면 안 된다. 전국 단위 합창제 같은 큰 행사는 주최 단체 이름 홍보와 식전행사, 인사말, 상장 수여 정도는 알릴 수 있다. 행사를 개최하는 데 많은 시간과 인력을 들이는데도 주최사 홍보 효과는 미미하다. 그럼에도 불구하고 위탁을 받는 이유는 불교의 사회적 책임을 보여주는 좋은 기회이기 때문이다. 직접은 아니지만 간접 홍보 효과를 얻을 수 있고 큰 행사를 개최함으로써 경험도 쌓는다.

가장 좋은 방법은 우리 재정으로 복지관을 짓고 큰 행사를 개최하는 것이다. 우리가 자체적으로 비용을 부담하면 얼마든지 불교를 홍보하고 불자 직원을 채용할 수 있다. 그러나 그 많은 재정을 부담할 능력을 갖춘 사찰과 불교 단체 복지관이 몇 곳이나 될지 의문이다. 그래서 차선책으로 정부나 지자체 행사를 대행하고 복지관을 위탁 받는다. 불교를 홍보할 수 없는 한계에다 3년마다 한 번씩 재위탁을 받기 위해 들이는 노력, 공무원과의 관계 등을 생각하면 어려움이 한둘이 아니다. 그럼에도 불구하고 열심히 하면 불교에 관한 공직사회와 지역 주민들의 인식을 바꿀 수 있다. 스님이 시설을 오가고 지역사회와 만나는 것만으로도 사람들의 인식을 바꿀 수 있다.

장기적으로는 우리 종단이 자체적으로 재정을 들여 복지관을 짓고 청소년 시설을 운영하며 큰 행사를 개최할 수 있어야 한다. 태어나서부터 무덤에 갈 때까지 사람의 일생에서 필요한 시설을 갖추고 불교의 장점인 수행을 살려 정신 건강까지 챙길 수 있는 프로그램을 갖고 있어야 한다. 이를 위해서는 종단이 사회가 필요한 바를 세심히 살펴야 하며 우리가 할 수 있고 꼭 해야 할 일이 무엇인지 들여다보는 첫발부터 내딛어야 한다. 다행히 우리 종단에는 어려운 여건 가운데서도 사회와 교류하며 고군분투하는 사찰 스님과 재가자들이 많다. 나 역시 20년 가까운 세월을 불교 이름을 걸고 청소년 분야에서 활동 중이다. 그런 점에서 지속적으로 합창제를 이끌어가는 부산 파라미타에 박수를 보낸다.

'불교민영소년원 설립' 원력

총무원장 설정스님이 2018년 신년 기자 회견을 통해 민영소년원 설립 추진 계획을 발표했었다. 총무원장 스님의 신년기자 회견이 있던 날 박상기 당시 법무부장관이 "민영교도소는 10개가 있는 반면 민영소년원이 없어 소년원 설치 운영에 관한 법률을 만들고 이 문제를 해결하기 위해 조계종과 깊이 논의하겠다"고 밝혔다. 종단에 힘을 실어 준 셈이다.

총무원장 스님의 민영소년원 설립 계획과 정부의 화답으로 불교계 청소년 교화는 지금까지와 전혀 다른 차원으로 전개될 것으로 기대했다. 소년원은 법원 소년부로부터 송치된 소년의 교정교육을 하기 위해 설치한 기관이다. 청소년 범죄는 성인과 달리 다양하고 세밀한 교화 제도를 둔다. 소년법에 따르면 비행 정도를 1호에서 10호까지 단계를 나눠 서로 다른 교화방식을 사용한다. 크게 사회봉사 명령과 보호관찰, 소년원 송치제가 있다. 1호에서 6호까지 처분자는 사회봉사 명령이나 보호관찰 대상이 된

소년범죄는 줄기는커녕 날이 갈수록 늘어나고 소년 범죄가
일어나기 쉬운 교육환경을 조장하면서도 인성교육을 하지
않는 성인들의 잘못도 계속되기 때문이다.

다. 이는 시설에 수용하지 않고 집에서 자유롭게 생활하면서 일정한 감독과 지도를 받게 하는 처분이다. 범죄를 예방하기 위한 형사정책 제도다. 보호관찰은 주로 초범이나 죄가 경미한 경우에 해당이 된다. 청소년상담지원센터나 보호관찰감호위원에게 지도를 위탁한다. 7, 8, 9, 10호 처분을 받으면 소년원에 송치된다. 그 기간이 7, 8호는 1개월 이내, 9호는 6개월, 10호는 2년이다. 보호관찰 명령이 내려졌는데도 변화가 안 되고 지속적으로 범죄를 저지를 때 소년원으로 송치한다. 소년보호처분은 전과는 아니지만 수사기록에는 남는다. 하지만 장래 신상에 아무런 영향을 미치지 않는다. 이러한 제도는 모두 나이 어린 청소년을 보호하기 위한 특별한 조치다. 담당 재판부도 가정법원 소년부 또는 지방법원 소년부 판사로 일반 법원과 분리한다.

전국적으로 10개의 소년원이 있다. 모두 학교명을 복수명칭으로 사용한다. 종류도 다양하다. 초·중등 교육 소년원, 직업능력개발 소년원, 직업 의료, 재활 소년원, 인성교육소년원 등이 있다. 보호자 교육도 의무화 되어 있다. 소년원은 소년교도소와 다르다. 소년교도소는 수용자가 소년이라는 것 말고는 형사적 처벌로서 자유를 박탈하는 일반 교도소와 다르지 않다. 그러므로 소년원은 일반 청소년 범죄와 전혀 다른 관점과 시각에서 접근해야 한다.

총무원장 스님의 민영소년원 설립 계획 발표를 보고 평생을 청소년 교화에 바친 필자는 두 팔 벌려 환영했다. 그리고 총무원

용서는 나의 수행, 칭찬은 나의 기도

장 스님께 감사를 표하며 향후 방향에 대해 나름 조언했다. 복합형 불교민영소년원으로 방향을 잡아 인성교육을 기본으로 하되 직업교육, 재활 등 다양한 요구를 충족시킬 수 있으며 여러 연령대를 포용하는 방식이 내가 원하는 불교민영소년원이다. 공영소년원이 갖는 기능을 포괄할 때 그 존재감이 더 빛나고 불교 청소년 교화도 한 걸음 나아갈 수 있기 때문이다. 불교 청소년 교화는 전문 인력 양성 등 여러 과제를 안고 있다. 복합형불교민영교도소 설립이 구체화 되면 이러한 숙제도 함께 풀어갈 것으로 기대했다. 이 모든 희망은 총무원장 설정스님이 중도 하차하고 장관도 바뀌면서 일장춘몽이 됐다. 하지만 불교민영소년원의 필요성과 운영 방향은 여전히 유효하다. 소년범죄는 줄기는커녕 날이 갈수록 늘어나고 소년 범죄가 일어나기 쉬운 교육환경을 조장하면서도 인성교육을 하지 않는 성인들의 잘못도 계속되기 때문이다. 많은 자원과 역량 의지를 갖춘 불교가 소년 범죄를 예방하는 데 책임을 갖고 임해야 할 의무가 있으며 그 구체적 결실이 복합형 불교민영소년원이다. 종단의 분발을 기대한다.

넷째 마당

●

내 수행의 모델

○

수행 이야기

새해, 당신의 원력은 무엇입니까?

"사람이 살면서 발심을 해야 하고 원력을 세워서 실제 행동으로 옮겨져야 한다. 그렇게 한다고 해서 자신에게 무언가 줄어드는 것이 아니며, 인간 세상에 광명과 따스함을 전할 뿐이다. 발심과 원력이 있을 때, 우리는 원력을 성취하기 위해 정진하고 노력한다."

「권발보리심문(勸發菩提心文)」에 나오는 이야기이다.

불교에 입문하면서 가장 중요한 시작은 바로 발심이다. 발심을 하였다면 차곡차곡 실천해야 한다. 이것이 수행이다. 수행이란 먼 곳에 있는 것이 아니라 자신이 처해 있는 환경 공간에서 작은 것이라도 실행에 옮기면서 다듬어 가며 공유하는 것이다. 흔히 발심을 했으면 원력이 있어야 한다고 한다. 원력은 무엇인가. 불교를 신행하는 사람이 목적을 성취하고자 내적으로 수립하는 기본적인 결심과 그에 따르는 힘이다. 원과 힘은 떨어질 수 없는 상관관계이기 때문에 원력이라 한다.

나는 불자를 만나면 소원을 세우지 말고 꼭 원력을 세우라고 한다. 그 이유는 소원이 개인적 욕심이라면 원력은 공심이기 때문이다. 나와 남이 함께할 수 있는 것이 발심의 기본이다. 이러한 기본으로 사람과의 관계도 만들어간다. 하지만 쉽지 않다. 타인을 위하기보다 내 욕심이 앞서기 때문이다. 그래서 세상에 소원은 넘치는데 원력이 없다.

새해는 소망하는 바, 바라고 원하는 모든 것이 이루어지라는 덕담을 주고받는다. 내가 바라고 원하는 것을 이루기 위해 어떻게 마음을 발하고 실천하여 결과를 이룰 것인가. 불자는 부처님의 가르침이 밑바탕 되는 것이 우선이다. 모두가 할 수 있는 일도 중요하지만 모두가 하지 않는 어렵고 힘든 일을 내가 묵묵히 해낼 수 있다면 이것이 진정한 기도일 것이다. 참선, 독경, 주력, 이 모두는 나를 연마하는 소원이다. 소원이 소원에 머물지 않고 대발원을 할 수 있는 원력으로 바뀌어져야 제대로 발심한 불자라고 할 수 있다.

지난해 임기가 다 된 임원진을 모아 놓고 새로운 회장을 선출해 달라고 했다. 예전 같으면 할 수 있는 분을 찾아 개별적으로 부탁하고 설득하여 자리를 만들었지만 이번에는 그렇게 하지 않았다. 발심과 원력이 있는 분이 있다면 자발적인 선출이 가능할 것이라 믿었기 때문이다. 결과는 회장, 부회장 선출 불발이었다.

용서는 나의 수행, 칭찬은 나의 기도

많은 생각을 했다. 나는 발심을 하도록 이끌었는지 모르지만 원력을 세우도록 이끌어 내는 데는 실패한 것이다. 신도 농사를 잘못 지은 것이다. 뿌리기는 열심히 뿌렸는데 그 실체가 없는 것에 자괴감이 수없이 일어났다.

어떤 일이든 내가 하는 일이 행복해야 한다. 행복하지 않는 일을 하게 되면 독이 쌓이고 모든 것을 부정적 생각으로 바라보게 된다. 부정적 생각이 개인에게 머물지 않고 주변에 전파되면 모두가 나쁜 영향을 받는다. 억지로 부탁하거나 소임을 강요하지 않고 원력을 가진 분이 자원하기를 기다리는 이유다.

행복한 사람이 되어 행복한 불교를 창조하고 행복한 삶을 사는 진정한 불자가 되기 위해서는 소원에 머물지 말고 나와 남이 함께할 수 있는 원력을 세워 실천해야 한다. 그런 불자가 많이 나오기를 발원한다.

용서는 나의 수행,
칭찬은 나의 기도

나는 1970년대 초반에 출가해 1980년대 서울에서 중앙승가대학교를 다녔다. 그때는 학교 수업보다도 크고 작은 종단개혁 운동이 젊은 학승들에게 큰 이슈였다. 그래서 본의 아니게 두 분 총무원장이 소임을 내려놓는 모습을 지켜보았다. 그것은 비민주적 종단 운영과 독단적 권력 행사를 거부하고 진정한 변혁을 이루고자 했던 젊은 수행자들의 몸부림 결과였다.

두 분 총무원장 스님이 내려가는 소란에도 큰 변화를 이루지 못하자 1994년 종단개혁이 이루어졌다. 그 개혁에 몸소 참가했던 분들이 현재 종단의 중요한 위치에서 변화를 이끌어 내고 있다. 많은 관행이 바뀌고 많은 변화가 서서히 절집으로 들어오고 있음을 느낄 수 있다. 사회에는 늘 크고 작은 문제 제기와 대립 갈등이 존재하기 마련이다. 문제 제기, 갈등, 대립은 좀 더 나은 방향으로 가기 위한 성장통이며 체질개선이다. 또한 공생하는 길이다. 혼란의 과정 없이 변화는 기대하기 힘들다.

2015년 3월 16일, 비구니계도 체질개선을 요구하는 변화의 몸부림이 일어났다. 그동안 미흡하고 비효율적으로 비구니회를 운영했을지라도 누구도 반론을 제기하거나 문제를 삼지 않았다. 왜냐하면 첫째는 전국에 있는 대다수 비구니 스님들이 비구니회에 대해 관심도 없고 그 존재조차 인식하지 않았기 때문이다. 두 번째는 사심이 아닌 공심으로 운영되었기 때문이다. 하지만 제16대 중앙종회 비구니 의원 선출을 통해 문제점이 드러나면서부터 이를 지켜본 몇몇 의식 있는 젊은 비구니 스님들이 자발적으로 문제를 제기했다. 불합리한 관행으로 운영되는 부분을 바로 잡자는 의미로 결의대회까지 단행하게 되었던 것이다.

이것은 분열도 아니며 정치적 쇼도 아니고 권력 싸움도 자리다툼도 아니다. 그저 잘못된 부분을 바로 잡으면 된다. 이날 운문사 명성 회주 스님께서 그 자리에 모인 대중들을 향하여 이런 훈시를 주셨다.

"용서는 나의 수행이며, 칭찬은 나의 기도다."

상대를 용서하는 것은 상대를 위한 것이 아니라 나 자신을 위한 것이고 상대를 칭찬하는 것은 나 자신을 칭찬하는 일이기 때문에 스스럼없이 기도하고 수행하라는 뜻이다. 수행자에게 수행과 기도는 가장 기본 일상이다. 그 일상이 궤도를 벗어났기 때문에 문제가 생긴 것이다. 문제를 만든 사람이 문제를 풀어야 한다는 결자해지의 중요성까지 강조하셨다. 어느 누구도 아닌 6천명 비구니 모두에게 주는 죽비 같은 말씀이었다.

　예전에 통하던 법이 안 통하는 시대가 되었으면 개정하고 고쳐가야 한다. 이것이 소통이며 화해의 미덕이며 수행이고 기도이고 수행자의 모습이다. 제도권 법을 가진 힘이 있다 할지라도 대중 모두가 염원하는 일이 무엇인지를 헤아려 그 일을 우선으로 삼아 풀어가야 하는 것이 지도자가 해야 할 덕목이다. 불교의 청정성과 수행력의 담보로 세상을 보듬어 가야 할 일들이 많다. 비구니 스님들까지 '왜 그러느냐'는 암울한 현실을 만들어 내지 말자. 투표로 당선된 소임이라 유종의 미를 거두겠다는 것은 이 시점에서는 큰 의미가 없다. 바로 그 유종의 미가 정치적인 쇼, 권력의 싸움, 자리다툼, 분열을 조장하는 것으로 보인다. 우리 모두는 하루 빨리 '용서는 나의 수행, 칭찬은 나의 기도'의 일상으로 돌아갔으면 한다.

밭에서 고추 따는 교회

세원사 주변에는 큰 도로를 중심으로 세 방향에 50여 민가가 옹기종기 모여 있다. 우연인지 세 방향 모두 각기 다른 종교 시설이 있다. 장로교회, 구세군 교회, 그리고 세원사다. 50여 민가 중 세원사 신도는 3명이다. 이분들은 부처님 오신날에 한 번 절에 온다. 그렇다고 장로교회와 구세군교회도 신도가 많은 것 같지는 않다. 유교 성향이 강한, 전형적 한국 농촌이기 때문이다.

저녁 공양 후 포행을 나갔는데 마을 언저리에 플래카드가 걸려 있다. 가던 길을 멈추고 내 키만큼 달려 있는 플래카드를 살펴보니 "주교 주민들을 위한 여름 사랑이야기"라고 적혀 있다. 장소는 마을회관, 주관은 주교장로교회·동수원 장로교회, 내용은 마을잔치와 머리 염색, 네일아트, 고추 따기 등이다. 모두 마을 주민이 필요로 여기는 일이다. 광복절 전날, 이른 아침부터 마을 회관에 대형버스가 왔다. 조금 지나자 청년 여러 명이 손에 쇼핑백 하나씩 들고 집집마다 찾아다니며 쇼핑백을 건네고 자기소개를 하고 갔다. 그 안에는 약간의 간식과 전도용 전단지 성경책이 들어 있었다. 해질 무렵 마을 이장님이 여러 차례 방송을 했다. '교회에서 주민들을 위한 저녁식사가 있으니 한 명도 빠짐없이 참석해 달라'는 안내다. 다음날 광복절 아침에는 '국기를 달아 주세요' 대신 '마을 회관에서 주민을 위한 머리 염색 네일아트를 하니 참석하라'는 안내 방송이 나왔다. 주민을 위해 음식을 만들어 대접하고 여러 도움을 준다 하니 종교와 상관없이 참석하는 것이 시골 인심이다. 이틀 동안 마을 안은 온통 축제 분위기였다.

열악한 시골 교회 목회자 혼자 힘으로 감당 안 되는 일을 큰 교회가 나서 도움을 주었다. 종교는 다르지만 본받을 만하다. 도움을 요청할 데가 있다는 것은 시골 교회의 큰 자원이기도 하다. 그러니 같은 동네에 사는 똑같이 작은 절이요 교회지만 안을 들여다 보면 전혀 다른 처지다. 마을에서 보았던 청년들은 교회 청년부 회원들이라고 한다. 여름휴가를 지역에서 선교로 보낸다고 하니 부럽기도 하고 한편으로 착잡하다. 한 끼 식사, 일회성 봉사로 얼마나 성과가 있겠는가마는, 교리에 따라 자신에게 부여된 일을 충실하게 실천했다는 자신감과 시골 주민들을 위해 봉사했다는 뿌듯함은 자기 종교에 대한 확신을 더 깊게 하고 믿음을 강건하게 만들었을 것이다. 웬만한 신앙심이 아니면 여름휴가를 반납하고 교회 일을 하러 나서기가 쉽지 않을 텐데 한두 명도 아니고 대형버스 한 대를 그것도 청년들로만 채워 작은 시골 교회 봉

용서는 나의 수행, 칭찬은 나의 기도

웬만한 신앙심이 아니면 여름휴가를 반납하고 교회 일을
하러 나서기가 쉽지 않을 텐데 한두 명도 아니고 대형버스
한 대를 그것도 청년들로만 채워 작은 시골 교회 봉사를
가다니, 달나라 이야기처럼 들린다.

사를 가다니, 달나라 이야기처럼 들린다.

　물론 우리의 전법 방식은 교회와 다르다. 우리는 찾아오는 사람들을 절에서 맞아 마음을 내려놓고 쉬도록 안내하는 방식을 택한다. 교구본사를 비롯한 큰 사찰이 주로 실시하는 템플스테이 형식이 대표적이다. 거의 모든 국민들이 한 번 이상 템플스테이를 이용할 정도로 호응이 좋은 전법이다. 먹고 사는 문제가 국민적 관심사였을 때는 찾아가서 선물 공세를 펼치는 요란한 선교가 각광 받았지만 경제 사정이 나아진 지금은 조용한 산사나 명상처에서 홀로 생각에 잠기고 휴식을 취하는 템플스테이형이 대세다.

　그러나 보완할 점도 많다. 수원에서 왔다는 그 대형교회 청년들이 우리가 무엇을 채워야 할지 보여주었다. 템플스테이에 오지 못하는 몸이 불편한 노인, 경제 사정이 어려운 이들을 위해 큰 사찰이 지역의 작은 사찰을 도와 주민들을 위해 자비를 베풀 수 있다. 그 일을 휴가를 반납한 재가불자들이 할 수 있다. 나도 반성한다. 청소년 관련 일을 한다는 핑계로 마을을 챙기지 못한 것이 내내 마음에 걸린다. 올 여름, 이웃종교로 인해 또 하나의 깨달음을 얻었다.

굳이 '삭발한 중'으로
표현하는 심사는?

구미시설공단이 전국 사찰에 일괄적으로 보낸 것으로 보이는 안내서가 우리 절에도 왔다. 그 안에는 아도 화상의 발자취가 서린 도리사·문수사·신라불교 초전지 세 곳을 찾는, '한국최고의 성지 삼사순례'가 스토리텔링(stortelling)으로 엮여 있었다. 일 년에 두 번, 방생 겸 성지순례를 다녀온다. 늘 순례 장소 선택을 놓고 고민하던 차여서 잘 되었다 싶어 구미로 향했다. 도리사와 문수사를 참배하고 마지막 코스로 구미시설공단이 위탁을 받아 운영하는 신라불교 초전지를 찾았다.

신라불교 초전지는 2010년 경상북도 3대 문화권 문화생태조성 전략사업으로 선정되면서, 국비, 도비, 시비 200억 원을 투입해 2017년 10월 개관한 역사 문화 교육관이다. 초전지 안에는 교육부분, 체험부분, 전시부분 등 세 가지 테마가 있다. 전시관에는 신라불교를 시기별로 세 단계를 나눠 소개한다. 아도화상이 신라에 불교를 전한 첫 번째 방 주제는 '아도, 신라로 향하다'였으며 두 번째 방은 '신라불교의 향이 퍼지다', 세 번째 방은 '신라 불교의 꽃을 피우다'로 꾸며져 있다. 신라불교를 한눈에 볼 수 있다는 기대에 설레는 마음으로 관광 해설사를 따라 첫 번째 방으로 들어갔다.

그러나 기대가 너무 컸던 탓일까? 처음부터 실망과 한숨이 나왔다. 스님을 칭하는 명칭부터 잘못됐음을 알았다. 아도화상이 처음 모례의 집에 왔을 때 사람들이 승(僧)이라는 명칭을 몰라 머리를 깎은 외형을 보고 아두삼마(阿頭彡麼)라 불렀다고 하는데 이는 '삭발한 스님'이라는 뜻이다. 그런데 전시관은 '삭발한 중'이라고 버젓이 소개했다. 이대로 표현을 해도 되는 것인가 하는 의구심에 발길을 옮길 수가 없었다. 한자 사전에는 '승(僧)은 중, 승'이라고 표현한다. 과거에는 비하 의미가 없어 그렇게 사용했지만 지금은 중이 비하의 의미로 쓰이는 까닭에 일반 언론에서도 사용하지 않는다. 문어체는 승려, 구어체는 스님이 일반적인 호칭이다. 충북대 국어국문학과 조항범 교수가 〈문화일보〉에 기고한 글에 따르면 한글문헌에서 '스님'이란 단어가 나타나는 것은 1911년 신소설 『쌍옥적』이 최초라고 한다. 중세국어문헌은 '즁님'이라 하며, 구한말과 일제시대 문헌에는 '승님'이라는 단어가 쓰였다고 한다. 승(僧)+님에서 받침이 빠지며 '스님'이 되었다는 설도 있다. 아두삼마를 '삭발한 스님'이라고 표현하면 의미를 충분히 전달하면서 현재의 문화와 관습을 살릴 수 있는데도 굳이 비하하는 뜻으로 쓰이는 '중'으로 표현하는 심사를 이해할 수 없었다.

신라불교 초전지 체험관은 불교문화를 체험할 수 있는 소중한 공간이다. 불교의식 체험, 염주와 연꽃 만들기 불교음식 및 발우 공양 체험 등 아도화상과 불교초전지 강의까지 알찬 프로그램을 운영해 아주 기쁘고 감사한 마음이 들었다. 그래서인지 '삭발한 중'이라는 표현이 더 마음에 거슬렸다. 도리사, 문수사까지 엮어 안내서를 만들어 각 사찰로 홍보할 때 생각이 깊고 눈 밝은 한 분의 스님이라도 책임 있게 그 내용 하나하나를 감수하셨다면 이렇게 표현했을까 하는 아쉬움이 남았다. 특히 어린이·청소년들이 이곳에 와서 삭발한 스님이라는 구어체보다는 '삭발한 중'이라고 인식할까 염려돼 해설사에게 수정을 간곡히 부탁했다. 직지사 소임자 스님께도 그 내용을 드리고 수정을 요청했다. 구미시설공단과 얼마나 조율이 될지 모르지만 다시 방문했을 때 '삭발한 중'이 아니라 '삭발한 스님'으로 표현된 전시관을 보고 싶다.

잘못을 바로 잡아야 하는 이유

〈불교신문〉 3491호 6월 1일자 '수미산정'에 굳이 '삭발한 중'으로 표현하는 심사는?이라는 제목으로 글을 실었다. 그 내용의 요지는 구미시설공단이 운영하는 신라불교초전지 체험관에 전시되어 있는 소개 글 중 스님을 칭하는 명칭이 잘못 되었음에 관한 지적이었다.

그 글을 신문에 싣기 전에 먼저 이 문제를 논의했던 직지사 소임자 스님에게 전달하고 신라불교초전지 운영 사무실에도 내용을 보냈다. 기관을 책하기보다 잘못된 내용을 바로 잡는 데 의도가 있기 때문에 사전에 상의하고 알려드린 것이다. 그렇게 하는 것이 또 수행자답고 불교다운 문제 해결법이라고 생각했다. 그 정도 문제 제기에서 그치지 않고 신문에 글을 싣는 까닭은 문제를 바라보는 기준을 공유하고 확산하여 관례로 삼고 싶어서였다.

개인이 문제를 제기하여 시정하면 시간이 지나 잊게 되고 하나의 특수한 일로 끝난다. 시정을 하든 그렇지 않든 문제 제기 의도를 이해하고 실수를 반복하지 않으려 노력하기보다 별난 사람으로 취급하고 귀찮아한다. 신라불교초전지 체험관이 스님을 비하하는 표현을 사용한 것은 분명 해당 기관의 특수한 사례이지만 그 안에는 불교와 스님에 대해 깊이 생각하지 않고 관행으로 처리하는 구태의연한 모습과 이를 문제 삼지 않는 우리 내부의 나태함이 들어 있다. 하나의 사례를 통해 무엇이 잘못인지를 드러내고 어떻게 해결해야 하는지를 공론의 장으로 끌어냄으로써 밖으로 향해서는 더 세심한 관심을 촉구하고 안으로는 각성을 불러일으키고 싶었다.

글이 나가고 며칠 뒤 직지사 소임자 스님으로부터 한 통의 문자를 받았다. 구미시설공단 측에서 지적한 문구를 수정하기로 했다는 소식이었다. 반가웠다. 그래도 구미시설공단 담당자들이 긍정적으로 받아들여 답을 주니 문제를 제기한 당사자로서 고마운 일이 아닐 수가 없다.

'삭발한 중'에서 '삭발한 스님'으로 문구가 교체되는 것이 뭐 그리 대단한 일인가 할지 모르지만, 용어는 일관성 있고 바른 이미지를 심어줘야 한다. 학술적으로나 문화적으로 매우 중요한 일이다. 함축돼 있는 뜻의 무게도 많이 다르다. 그 당시 스토리텔링(storytelling)을 주관한 사람이 자신이 무엇을 잘못했는지를 알게 하는 것도 중요하다. 그는 앞으로도 자주 관련 일을 할 것이다.

우리 주변에는 바로 잡고 시정해야 할 부분이 참 많다. 정확한 내용을 몰라서 넘어가는 경우도 있고, 전문가들이 해 놓은 것을 긁어 부스럼 만들 필요가 있을까 하는 생각에 알면서 넘기는 경우도 허다하다. 무관심이 굳어지면 잘못이 정답으로 둔갑한다. 그래서 아닌 것은 아니라고 해야 한다.

최근 사회적 논란으로 등장한 '비밀의 정원'은 문화재를 둘러싼 논란이라는 점에서 문화재를 가장 많이 소장한 불교로서는 더 관심 가는 사안이다. 문화재청은 홈페이지에서 '명승 제35호 성락원'이 "조선 철종 때 이조판서를 지낸 심상응의 별장이었으나 의친왕 이강(1877~1955)이 35년간 별궁으로 사용했던 곳"이라고 설명한다. 그런데 얼마 전 사실이 아니라는 반론이 제기됐다. 소유자 측의 일방 주장이 제대로 된 고증 없이 사실인 것처럼 둔갑됐다는 것이다. 흔적만 남아 있으면 사적이라 하고, 살아 있는 경관은 명승이라 한다. 1992년 사적 지정 당시의 오류를 명승으로 재 지정할 때 바로 잡을 수 있었던 기회를 놓쳤기 때문에 이런 시비가 일어난 것이다. 우리 불교 문화재가 같은 오류를 범하지 않으려면 맞고 틀린 것에 대해 제대로 연구하고 관심을 가지며 시정하는 노력을 게을리 하지 않아야 한다.

그 회향의 정신을 존경합니다

선생이 지식 전수자라면 스승은 인격을 형성하고 정신을 일깨우는 삶의 '멘토'다. 어떤 스승을 만나느냐에 따라 삶의 질이 달라진다. 학인 시절, 내 삶에 멘토 역할을 해주신 분은 운문사 명성스님이다.

제자들이 스님을 향한 생각을 펼쳐 책을 발간한다는 소식에, 묻혀 있는 이야기들을 꺼내어 스승의 발자취를 한 번 더 새길 수 있는 좋은 기회라 여기며 흔쾌히 동참할 용기를 내었다.

명성스님! 감히 불러보며 풋풋한 학인 시절로 되돌아가 본다. 스님과의 특별한 인연은 이렇게 시작되었다.

첫 번째, 석남사로 출가한 나는 그곳에서 사집까지 배우고, 운문사 사교반으로 방부를 들였다. 그리고는 『능엄경』부터 명성스님께 배웠다. 운문사 방부 후 첫 소임은 종무실 서기였다. 아침 조례가 열리면 스님께서는 주지 스님답게 업무 보고를 받고 하나하나 지시하셨다. 특히 재무 쪽은 더 살뜰히 살피셨다. 절집 돈은

'시은(施恩)'이라는 무게감을 두시고 한 푼이라도 흘러나가는 낌새가 보이면 상대방도 모르게 제자리로 돌려놓으셨다. 강의를 할 때는 학자이고 강사이지만, 절 살림에서는 완벽하리만큼 행정력이 뛰어나신 분이었다. 공심(公心)을 손수 실천하시는 모습을 통해 굳이 말을 하지 않아도 주지 소임은 저렇게 살고, 절집 운영도 저런 마인드로 해야 하는구나, 알 수 있었다. 어린 내게는 살아 있는 지침서였다.

두 번째, 선객이신 은사 스님 덕분에 방학을 해도 운문사에서 머물렀다. 다른 도반들은 각자의 사찰로 돌아가 사찰 일을 돕거나 은사 스님 시봉을 하고, 개학이면 다시 복귀했지만 나는 특별히 갈 곳이 없었다. 학비를 벌기 위해 부전 소임을 맡을 만큼 능숙한 염불 실력도 없었다. 또한 은사 스님이 대중에 머물고 계셨기 때문에 정진하는 데 방해가 되지 않을까 하는 생각에 갈 수가 없었다. 이런 나의 형편을 아셨는지, 방학이면 으레 시자소임이 내게 돌아왔다.

지금 생각해 보니 단순한 방학 소임이 아니었다. 방학인데도 운문사에 머물러 있는 내게 도움을 주기 위해 '시자'라는 소임으로 챙겨 주신 것이 아닌가 하는 생각이 든다. 왜냐하면 남고 싶어도 남는 반이 아니면 모두 나가야 하는 규칙이 있었으니 말이다.

그 덕분에 다른 도반 스님들에 비해서 강의 시간 외에 스님을 모실 기회가 많았다. 외부 행사나 강의, 법회가 있을 때 등 빠짐없이 스님의 걸망을 챙겨 메고 따라나섰다. 지금이야 차가 있어

용서는 나의 수행, 칭찬은 나의 기도

이동이 편하고 걸망을 멜 필요도 없지만, 그때 그 시절 나의 작은 어깨에 매달려 있는 걸망의 무게감은 오로지 스승님에 대한 향심이었다.

스님께서는 개인적인 일과의 수행을 마치고 나면, 전지가위를 들고 도량 구석구석 나무를 다듬고, 화단에 꽃을 심고, 난초 화분을 관리하셨다. 이 모든 것이 수행임을 보여 주셨다.

스승의 그림자를 밟지 않는 선에 서서 시중드는 나를 더 가까이 불러, 이 나무는 이 부분에서 전지를 해야 저곳에서 새로운 가지가 난다고 말씀해 주시고, 또 화단에 꽃을 심을 때는 꽃말을 알려 주시며, 왜 이곳에 이런 꽃을 심어야 하는지 설명해 주셨다. 삶 자체가 철학이었고 살아 있는 법문이었다.

세 번째, 스님께서 지금은 노후 자금으로 개인 통장을 관리하는지 모르지만, 그때 그 시절 개인 통장을 관리하는 것을 한 번도 본 적이 없다. 강의료, 법사비를 받으시면 주변에 몇 명이 있든지 간에 똑같이 나누어 주셨다. 큰돈은 큰돈대로 모아 두었다가 그 장소 그 형편에 맞게 회향을 하시는 모습을 보면서, 나도 저런 모습으로 수행을 해야겠다는 다짐을 수없이 했다. 지금도 스님께서는 찾아오는 모든 분에게 빈손으로 돌려보내지 않는다. 단주 하나라도 손에 쥐여 보내시는 성품이다.

네 번째, 스님께서는 불교신문을 꼼꼼히 챙겨 보신다. 그리하여 스님이 기억하는 제자뿐 아니라 비구니 스님들이 좋은 일로 신문에 기사가 오르면 어김없이 전화하여 칭찬하고 용기를 주는 한편, 또 축하금까지 보내 주시는 것을 많이 봐 왔다.

운문사 50주년 기념일에 제정하신 자랑스런 운문인상도 불교를 위해서 뛰어난 제자들에게 스님만이 내리는 특별한 상이었음을 짐작할 수 있다. 가장 가까이에서 많은 시간을 모셨던 나의 기억에는 제자에 대한 사랑뿐 아니라 '참 회향을 하시는 분'으로 남아 있다. 스승님은 지금도 나를 만나면 '시자'로 기억하신다. 그리고 나도 잊고 있는 그때의 기억을 한보따리 꺼내 놓고 추억을 나누시는 모습에 감탄 또 감탄을 한다.

뒤돌아 보니, 은사 스님은 수행의 기본 방향을 제시해 주신 멘토였다면, 명성스님은 포교, 행정, 수행, 즉 살아 있는 불교를 제시해 주신 멘토였다. 나를 변화시킨 것은 먼 곳에 있는 것이 아니다. 가장 가까운 곳에서 이슬에 속옷이 젖듯이 나도 모르게 젖어든다. 이것을 우리는 '영향'이라고 표현한다. 자신의 행동, 생각, 표현 등등 가장 일상적인 것을 놓치지 않는 수행자로 살고 싶었다. 그 바람을 실천으로 옮긴 결과가 주는 영향력이 얼마나 되는지 모르지만, 스승님이 내게 준 그 사상과 실천의 힘은 내 수행의 중심에 두터운 밑거름이 되었다.

스승에게 가장 큰 기쁨은 제자가 자신을 넘는 것이라고 한다. 나는 아직도 스승님께 기쁨을 줄 수 있는 제자는 아니지만, 스승님이 주신 그 밑거름으로 부끄럽지 않게 열심히 노력하며 살아왔음을 말씀드리고 싶다.

용서는 나의 수행, 칭찬은 나의 기도

내 수행의 모델

선생은 있어도 스승은 없다는 말이 있다. 선생님은 지식과 지혜를 가르치는 지식 전수에 머물 수 있지만 스승은 지혜와 지식을 통해 인생의 눈을 넓혀 나를 바른 길로 인도한다.

출가 이후 내게는 두 분의 스승이 계신다. 한 분은 고인이 되신 은사 스님이시고, 또 한분은 운문사 명성 회주 스님이시다. 나는 최근 1년 한 차례 운문사로 참배를 갔다. 불교대학 학생들과 함께 성지순례 겸 승보공양 일환이다. 해마다 사찰을 달리해서 갈 수도 있지만 살아 계시는 동안 1년에 한 번이라도 스승님을 뵙고자하는 마음에서 운문사행을 포기하지 않는다.

지난 가을, 운문사 참배 가기 하루 전 도예전시 도록이 나와서 잠깐 스님을 뵙는 자리에 '이런 것 합니다' 하고 조심스럽게 도록을 드리고 나왔다. 그런데 전시회 개막식 날 스님 법명이 적힌 예쁜 화분 하나가 배달됐다. '기억하고 계시는구나' 하는 기쁜 마음에 행사를 마치고 감사 전화라도 드려야지 했는데 깜박 잊었다. 그런데 다음날 아침 사서 스님으로부터 전화가 왔다. 지금 전시장으로 가기 위해 운문사에서 출발한다는 것이다. 전시를 기억하고 계시는 것만으로 행복하고 기쁜 일인데 직접 전시를 보기 위해서 오신다는 것은 상상도 못했다. 젊은 사람도 떠나오기 힘든 먼 거리를 6시간에 걸쳐 오셨다.

빈손으로 오셔서 격려 한마디만 해주셔도 큰 힘이 되는데 스님께서는 제자가 미처 챙겨 읽지 못했던 스님에 관한 저서와 운문사 내용이 담긴 사진첩, CD에다 청도 명물 홍시까지 한 보따리 선물로 안겨 주셨다. 찬찬히 여러 차례 반복하여 작품을 보시고 연꽃을 주제로 한 작품에 대해 연뿌리 구멍이 아홉 개라는 것, 그래서 구품연대라고 설명을 해 주셨다. 그때까지만 해도 나는 그리고 싶은 연을 내 생각대로 그렸지 연뿌리 구멍이 아홉 개라는 것은 전혀 몰랐다. 연을 보고 관찰하고 작품으로 연결하는 과정에 내가 놓치고 있다는 것을 알아차리시고 스승님은 일깨워 주신 것이다. 연밥이 그려진 연꽃접시 두 점을 손수 구입하시고는 먼 길 횅하니 떠나셨다. 그 뒷모습을 바라보면서 말과 글로는 표현할 수 없는 뭉클한 여운이 오래 남아 가슴을 잠재우는 데 많은 시간이 걸렸다.

그 다음날이었다. 저장 안한 낯선 번호로 문자가 왔다. "작품이 아주 훌륭했습니다. 방장 스님께서 전화하셨더군요. 부연해서 말할 것은 연꽃 뿌리는 구멍이 아홉이고 연밥은 구멍이 여러 개

용서는 나의 수행, 칭찬은 나의 기도

입니다. 주위 사람에게 다시 일러주세요." 내용으로 미뤄 짐작해 스님께서 사서를 시켜 보낸 문자였다. 전화를 했다. 그런데 사서가 보낸 것이 아니고 스님께서 스마트폰을 구입하여 직접 문자를 보내신 것이었다. 문자는 문자로 답을 해야지 전화를 한다고 하셔서 전화를 끊고 문자로 답신을 드렸다.

60년을 넘게 수행자로 때로 교육자로, 때로는 학자로, 행정가로 살아오신 분이시기는 하지만 팔순 노령에 남들은 나는 못한다 하고 쳐다보지도 않을 일에 스님은 아직도 꼿꼿하게 도전하시고 실행에 옮기신다. 또 고개가 숙여졌다.

나는 스승님의 나이 때쯤이면 어떤 모습으로 있을까. 부처님께서 제자들에게 하셨던 것처럼 스님께서도 언제 어디서나 제자들의 눈을 열어주고 마음을 열어주시는 응병여약 처방을 내리신다. 한 해를 마감하는 섣달에 놓치고 싶지 않은 내 수행 모델이다.

용서는 나의 수행, 칭찬은 나의 기도

우리 스님

스님,

몇 해 전, 이곳 불교대학 졸업여행을 운문사로 간 적이 있습니다. 그때 일행이 있어 선걸음에 뵙는 바람에 제대로 예를 다하지 못했습니다. 곁에 계실 때 자주 문안하고 뵙는 것이 제자의 도리인데 그 도리를 다 못해 늘 마음에 걸렸습니다. 작년 가을 종회의원이 되고 동문 종회의원스님들과 함께 인사드릴 수 있는 기회마저 놓쳤습니다.

해가 가기 전 꼭 뵙고 와야겠다는 생각을 하며 후배 학인 스님들 선물용 컵 155개, 스님께 드릴 작품을 삼복더위도 잊고 빚었습니다. 오랫동안 벼르고 벼르던 기회라 승용차 트렁크와 뒷좌석에 선물을 가득 싣고 스님을 뵈러 가는 길은 정말 즐겁고 가슴벅찼습니다. 스님께서 곁에 굳건히 계신 힘이라고 생각합니다.

스님을 뵙는 순간, 구순(九旬)이라는 연세가 믿기지 않을 정도로 변치 않는 모습에 감사하고 기뻤습니다. 말씀 역시 학인시절 강의 들을 때와 다름없이 힘차고 또렷했습니다. 지금도 자상하고 세심하게 관심과 애정을 보여주시던 그날 광경이 눈에 선합니다. 저에게 주실 선물을 한 보따리 챙겨 놓으신 스님께서는 선물마다 의미를 부여하셨으며, 학인시절 스님을 시봉하던 세세한 추억까지 기억하셔서 총기에 놀라고 감격했습니다. 저의 이야기를 열심히 경청하시고 격려하셨으며, 또한 여러 당부 말씀도 들려주셨습니다. '스님처럼 노후를 맞이할 수 있다면 얼마나 큰 행운일까' 생각했습니다.

사람들은 우수한 교학, 행정력을 지닌 분으로 기억하지만 곁에서 모신 제자들이 볼 때 우리 스님은 예술적 감수성이 뛰어난 분입니다. 스님은 그 많은 분재, 난분을 손수 가꾸셨으며, 뛰어난 예술성을 발휘하여 가람의 문화 가치를 높였습니다. 도량의 꽃 한 송이도 색감과 주변 조화를 고려하며 가꾸셨으니 구순을 맞아서도 예술성은 사라지지 않았음을 보았습니다. 스님께서 손수 디자인 하신 가방, 걸망 등 졸업생 선물은 시중에서 살 수 없는 독특하고 눈에 띄는 예술로 번뜩였습니다.

스님,

어른 스님들 중에는 내 제자, 내 권속 아니면 잘 챙기지 않는 분들이 있습니다. 하지만 스님은 달랐습니다. 제자, 권속 상관없이 열심히 활동하고 수행 잘하는 비구니 스님이 있으면 손수 전화하거나 격려금이나 선물을 보내셨습니다. 출가 수행자를 아끼

용서는 나의 수행, 칭찬은 나의 기도

고 품는 스님의 넓은 마음에 감동했습니다. 저만의 생각이 아니라 도반들 모두 같은 견해였습니다.

전통이나 과거에 얽매이지 않고 변화하는 사회에 맞춰 포교하는 젊은 스님들을 칭송하고 격려하시며 큰 행사를 하는 후배 스님에게 성원하는 손 편지와 함께 선물과 격려금을 보내, 이를 받아본 스님이 감격하여 더 힘을 내 정진했다는 이야기를 도반들과 나누며 참 스승을 가까이서 모신 홍복(洪福)을 누렸음을 알았습니다. 세대를 넘어 존경을 받는 스님은 많아도 공감하고 본받고 싶은 분은 흔치 않은데 스님은 4차 산업 혁명을 논하는 미래세대에도 배우고 뒤따를 스승이십니다.

스님,

인사 드릴 어른이 있다는 것은 큰 복이며 무엇과도 바꿀 수 없는 재산이라고 생각합니다. 이 복을 오래도록 누리고 싶습니다. 저 역시 스님의 제자답게 종회의원으로 부여받은 역할 제대로 하며 포교 일선에서 부끄럽지 않는 수행자가 되도록 최선을 다 하겠습니다. 또 시간 내어 찾아뵙도록 하겠습니다. 늘 법체 강건하시고 남은 이야기는 다음에 또 올리겠습니다.

안녕히 계십시오.

운문사 제14회 졸업생 정운 삼가 올립니다.

운문에 눈 밝은 별이
빛나는 까닭은?

넓고 잔잔한 연못에 채워진 연꽃의 향기가 그 오묘함을 캐내지 못하여 여기 호거산 죽림원에 홀씨 되어 올곧게 피어났습니다.

구름의 빗장을 열어 보니 2천여 명의 제자가 있고 그 제자 한 사람 한 사람의 영혼을 마음껏 품으면서 조각하는 모습 참으로 인천(人天)의 스승이십니다. 그 누가 있어 당신의 모습을 훔쳐 낼 수 있겠습니까. 우리들을 향해 달려 나오는 그리움의 씨앗들, 하늘에 아름다움을 불러 제 모습을 마음껏 자랑하는 우리 모두는 구순의 넓은 도량에 기대어 봅니다. 참으로 따뜻한 온기가 마음 길 따라 차오릅니다. 오늘 하나에 인연 지어 올립니다. 전생을 세어 본 적은 없지만 한 겁, 한 생이 있기에 묻고 답합니다. 소소한 근황부터 속 깊은 이야기까지 나누며 무엇을 더 자라게 할까 무엇을 더 다듬을까

용서는 나의 수행, 칭찬은 나의 기도

무엇을 더 솎아 낼까 이런 계산 없는 운문의 도량에서 또 다시 스승과 제자로 만나고 싶습니다. 가는 시간 오는 시간 손에 손잡고 둘레길 만드는 오늘 여기 당신이 품으로 길러 낸 제자들이 한자리에 모여 구순 해를 축원합니다. 상수(上壽), 천수(天壽)의 축시가 이어지기를.

이 시는 지난 연말 운문사『명성 회주 스님 전집』봉정식 및 구순생신 날 동문회 대표로 필자가 짓고 낭독했다. 오전 1부 행사 전집 20권 봉정식 소식은 보도를 통해 전해졌기에 생략하고, 오후 구순생신 축하 자리에 있었던 숨은 이야기를 남기고자 한다.

55회에 걸쳐 배출된, 한국불교 6천여 비구니 중 3분의 1이 넘는 2100명 운문인들은 각계 각처에서 활동 중이다. 유치원 원장팀, 전강 제자팀, 복지관장팀, 불교미술팀, 동문회장팀, 화엄반팀, 이날 각 분야에서 활동하는 스님들이 지은 이름에서 운문인들의 활약을 엿본다. 그날 동문들은 제각각의 모습으로 구순을 맞은 스승님을 모셨다. 특히 기수별로 만든 동영상에는 회주 스님의 일상과 가르침, 후학들의 존경이 그대로 담겨 감동을 자아냈다. 기수를 떠나 모두 알고 기억하는 스님의 일상 모습이기에 말하지 않아도 설명하지 않아도 모두 공감하고 감격했다. 해묵은 사진 한 장, 젊고 빛나던 시간들이 만화로 사진으로 그림으로 동영상으로 되살아나 또다시 추억을 만들고 가슴에 묻혔다. 몇몇 동영상은 잊을 수가 없다. 장작을 때서 목욕하던 시절, '나무가 귀하니 뜨거운 물 한 바가지만 쓰세요'라는 목욕탕 청규를 말 그대로 따라 하느라 뜨거운 물을 덮어쓰는 바람에 큰 화상을 입은 스님으로 인하여 장작 대신 기름으로 바뀌어 나무를 하지 않고도 목욕날을 맞이했던 이야기, 꽃 심기 울력에 갔다가 말벌과 꿀벌이 싸우는 것을 보고 사탕을 가져와 꿀 벌통 앞에 놓고 "꿀벌, 사탕이 여기 있으니 사탕 먹고 기운차려 빨리 달아나요." 하셨던 회주 스님의 지난 일화 등이 영상을 통해 재탄생되었다.

'평범한 스승은 말을 하고, 훌륭한 스승은 설명하고, 뛰어난 스승은 모범이 되고, 위대한 스승은 감화를 준다'는 말처럼 50년을 한곳에 주석하시면서 가르친 제자 한 사람 한 사람을 가슴으로 품고 제자의 장점을 찾아 응원하고 가르쳤던 제자 모두가 스님께 받은 감화 하나쯤 간직하고 있다.

"눈썹은 희어도 마음은 늙지 말아요. 어쩌다 여러분들을 한 번씩 만나면 늙은 시늉을 해요." "구순의 스승 앞에 칠순이 넘은 제자도 환갑이 된 제자도 늙은 시늉을 하지 말아요." 하는 소리에 정신이 번쩍 들었다. 나이 먹었다 하여 수행을 게을리 하지 말라는 경책으로 들렸다.

'저도 스승님처럼 그리 늙어 가도록 노력하겠습니다'라는 화답이 메아리로 돌아온 이유는 운문에 눈 밝은 별이 빛났기 때문이다.

용서는 나의 수행, 칭찬은 나의 기도

세금 환급과 무주상보시

연말 연초가 되면 사찰마다 기부금 영수증을 발급 받으려는 신도들 발걸음이 분주하다. 보시자가 보시한 만큼 받아 가면 별 문제가 없는데 자식이나 손자 손녀 이름으로 발급해 달라는 분이 더러 있다. 보시 금액보다 더 많은 금액을 요구하는 경우도 있다. 이 모든 것이 불법(不法)이다. 그래서 설명을 한다. '연말정산 기부금 공제는 한도가 정해져 있다. 종교단체 기부금은 본인 근로소득 금액의 10%를 환급 받을 수 있다' 등 아는 상식을 동원해 이해시킨다. 그러면 서운해 한다. 마음이 상해 절에 나오지 않는 신도도 있다.

그래도 우리 절은 심각하지 않은데 주변 스님들의 경험담을 들어보면 다양한 사연이 있다. 불교대학등록금을 기부금으로 볼 것인가 여부를 놓고 고심한 사찰도 있었다. 기부금은 부처님께 올리는 헌공의 의미를 띤다. 등록금은 강의를 듣기 위한 목적을 갖기 때문에 대가성이 있다. 기부금 성격으로 볼 수 없는 것이다.

아마 해당 사찰 주지 스님이 원칙대로 대처한 모양이다. 그런데 다른 사찰에서 발급 받은 동료가 있었나 보다. 계속 조르기에 결국 발급을 했는데 기부의 순수한 의미가 변질되는 것 같아서 마음이 개운치 않았다고 한다. 이런 일이 비일비재하다.

회계법 세무 용어 사전에는 기부금을 이렇게 정의한다. '민법상으로 재산의 출손(出損), 즉 무상증여를 의미하며 타인을 원조할 목적으로 하등의 대가를 바라지 않고 재산을 무상으로 주는 것'은 사전 정의처럼 기부는 원조와 무대가(無代價)가 핵심이다. 물론 한 푼이라도 더 아끼려는 신도들 마음은 이해한다. 정부 관점에서 보면 부처님 전에 올린 돈은 소득세를 제하고 남은 소득의 일부이다. 그래서 정부는 비영리단체 기부금에 대해 면세 조치한다. 기부자는 공제 받을 권리와 의무가 있다. 이를 탓할 이유는 없다. 오히려 고맙게 여겨야 한다. 그리고 아직 기부 문화가 정착하지 않은 우리나라는 세금 혜택을 많이 주는 것이 기부문화 확산에 도움이 된다.

문제는 지금처럼 기도금이 세금 혜택 대상으로 고착화되고 환급을 당연시 하는 문화다. 고리타분하게 들릴지 모르지만 기부는 세속법이든 불법이든 대가성이 없어야 한다. 특히 사찰에 내는 모든 보시금은 부처님 전에 올리는 공양이다. 공양을 놓고 세금 혜택 운운하면 내는 사람 기분도 개운치 않고 공양의 참뜻도 살리지 못한다. 불교는 사회적 기부를 '보시'라고 한다. 보시 중에도 아낌없이 주고 아무런 대가를 바라지 않는 '무주상 보시'가 진정한 보시라고 여긴다. 아무런 대가를 바라지 않지만 무주상 보시는 많은 것을 가져다준다. 보시가 주는 가장 큰 '혜택'은 기쁨이다. 모든 사람이 한결같이 하는 말이 받는 것보다 베푸는 것이 훨씬 더 기쁘다고 한다. 이것이야말로 최고의 공덕이다. 그러나 지금 연말 연초마다 되풀이되는 '기부금 영수증 발급'은 보시의 본래 정신과는 거리가 멀다.

그래서 기부금이 세금 환급 대상으로 정착되는 인식에서 벗어나야 한다. 환급 제도가 있기 전부터 기도금을 내고 공양을 올렸다. 어느 누구도 그중 일부를 되돌려 받는다고 생각하지 않았다. 부처님 전에 엎드려 기도하고 공양 올리는 그 본연의 마음을 되찾았으면 한다. 아울러 소외된 이웃을 돕는 다양한 제2의 기부 문화가 확산되기를 바란다.

대승경전의 꽃,
다시 만나다

종단 기본교육기관인 사찰 승가대학은 1학년 치문반, 2학년 사집반, 3학년 사교반, 4학년 대교반 과정으로 이루어져 있다.

대교반 과정에서는 〈화엄경〉을 공부한다. 학인시절, 사중 도서실에 있던 화엄경 영인본을 보았었다. 도반 스님들은 은사 스님이나 사형이 보던 책이거나 직접 사서 원본으로 공부했는데, 이는 평생 소장하고 싶은 경전이기 때문이다. 영인본은 원본에 비해 가격이 낮아 형편이 어려웠던 학인 시절의 나는 〈화엄경〉 81권을 원본으로 소장하는 영광은 꿈도 못 꿀 어마어마한 장벽이었다. 지금은 그때보다 형편이 좋아졌지만 여전히 〈화엄경〉 81권을 소장하지 못했다.

이유는 여러 가지다. 과정만 이수하면 다시 보지 않아도 되는 화엄경이 주는 무게감이 내면에 잠재되어 있는 것이 큰 이유였다. 그리고 지금까지 지내오면서 화엄경을 만날 시간도 인연도 주어지지 않았다. 부산, 경남 지역에 사는 도반들이 '문수경전연구회'에 화엄경을 공부하러 다닌다는 소식에 그저 부럽다는 생각만 들었다.

그런데 얼마 전, 온 도량에 봄꽃이 흐드러지게 피고 있던 날이었다. 택배 아저씨가 끙끙거리며 책 두 박스를 들고 와 두고 갔다. '주문한 적이 없는 책인데 누가 보냈을까?' 하는 생각에 조심스럽게 책 박스를 풀어보는 순간, 학인시절 그토록 소장하고 싶었던 그 '대방광불화엄경' 81권이었다.

원본도 영인본도 아닌 '대방광불화엄경 강설'이다. 우리 시대 대강백 무비스님이 우리말로 풀어쓴 책이다. 책표지, 책 디자인 글자체까지 도량 어디에도 피우지 못한 꽃으로 환하게 나를 마주하는 것이 아닌가. 개인적으로 한 번도 대강백 무비스님을 뵌 적은 없다. 사찰 보관용으로 발송해 드린다는 종단 측의 짧은 안내문을 읽고서야 다시 한 번 대강백 무비스님이 언론과 하신 인터뷰 내용을 떠올렸다.

"혼자 공부해서 책으로 남겨 놓는 것도 좋지만 바람직한 방향으로 회향되려면 많은 사람에게 법공양을 올리는 게 좋겠다는 그런 생각을 평소에 가졌습니다. 그래서 책이 완간되면 조계종 주요사찰, 주요 스님에게 1000질을 공양 올려야 되겠다는 마음을 냈습니다."

"우둔한 사람이 애써서 공부한 것을 묻혀두기 아까워서 책을 만들었던 것입니다. 부디 눈 밝은 뒷사람들이 바로 잡아 주시길

학수고대합니다. 저 또한 기회가 되면 잘못된 것을 바로 잡고 다듬어서 새로운 강설을 쓰겠습니다."

대강백의 겸손에 저절로 숙연해졌다. 여덟 묶음의 책을 받은 지 며칠이 지났다. 책을 서재 한 편에 올려놓고 아직 열어보지 못했다. 경전을 소리 내서 읽는 것은 글이 생생한 말로 다가오기 때문이고, 경을 본다는 것은 마음의 눈으로 보고 자기를 다스려 나간다는 의미다. 30여 년 동안 올곧은 학자의 혜안으로 풀어 놓은 내용을 단숨에 읽고 책을 덮어 버릴까 봐 하는 염려가 앞서고, 경문의 한 구절 한 구절에 담긴 크고 깊은 뜻을 충분히 받아들일 수 있는 경안(經眼)이 내게도 있을까 걱정되어 차마 펴지 못했다.

학인시절, 경을 보는 눈이 아둔했기 때문에 방대한 경 구절이 무겁게 느껴졌었다. 경이 주는 의미를 새기고 신심을 증장하고 수행 탁마로 삼기보다 종단 교육제도를 이수해야 한다는 의무감으로 대교반 교과 필수 '화엄경'을 대했기 때문이다. 이제는 재미와 환희에 찬 화엄의 꽃을 내 안에서부터 피우려 한다. 그러자면 단단한 마음의 준비가 필요하다. '대방광불화엄경'을 통해 더 큰 울림으로 세상을 바라보고 싶다.

용서는 나의 수행, 칭찬은 나의 기도

우리는 건강한 수행승인가

우스갯소리도 곧잘 하고 시사(時事)도 밝은 도반이 공개 석상에서는 침묵하다 끝나면 불평하는 모습이 마음에 안 들어 모처럼 만난 자리에서 한마디 던졌다.

"뒤에서 하는 불만은 불평으로 그치고 문제 개선에 도움이 안 되니 공개적으로 자기 목소리를 내줘야 모임이든 단체든 발전한다."

그 도반은 수행자의 삶이나 태도는 출가 동기에 따라 다르다며 나의 지적에 답했다. 진리를 추구하는 수행자의 길을 갈망해서 발심 출가한 사람과 본인 의사와 상관없이 절에 맡겨져 자연스럽게 습에 젖어 살아온 스님은 많은 점에서 차이나지만 그중에서도 대화나 토론 등에서 많이 다르다고 그 도반은 주장했다. 어릴 적부터 절집 생활에 젖은 스님은 자신을 대놓고 드러내는 것을 꺼려한다는 것이다. 의견을 감추다 보니 결정을 하는데도 많이 망설이게 되고 표현이 서툴다고도 했다. 물론 절대적 평가는 아니고 그 스님의 주관적 분석일 뿐이다.

우리 절집은 지금도 그렇지만 옛날에는 특히 상하 관계가 엄격하고 말을 금기시하는 문화가 강하다. 발심 출가한 이른바 '늦깎이'라고 이런 절집 분위기를 비켜갈 수 없었다. 우리는 어릴 때부터 자신의 생각을 바르고 정확하게 표현하는 교육을 받지 못했다. 어른이 시키는 대로 따르는 것이 미덕이라고 배웠다. 그래서 절집 살림은 완벽하게 하지만 세상과 소통은 서툴다.

도반의 지적을 고깝게 여기지 않고 평소 자신이 품고 있는 생각을 털어놓으며 자신이 왜 대놓고 말을 못하는지를 차분한 어조로 설득력 있게 들려준 도반이 고마웠다. 대중회의 때마다 침묵하던 도반을 이해하게 됐으며 주변에서 분위기를 만들어 주면 얼마든지 달라질 수 있음도 알았다. 적어도 나의 지적에 대해 답을 할 때는 평소와 달랐다.

어떤 출가냐, 인생의 어느 시기에 출가했는가를 놓고 장단점을 논하는 것은 잘못된 구분법이다. 그런 경향성을 보인다는 것뿐이지 절대 기준은 아니다. 사람마다 다를 뿐이다. 중요한 것은 세상과 소통이다. 우리는 말보다 느낌을 강조하지만 소통은 곧 대화다. 부처님께서도 '처음도 좋고 중간도 좋고 끝도 좋은' '의미와 문장을 갖춘' 법을 전하라고 하셨다. 합리적이며 논리적이고 상식에 맞는 말과 문자로 부처님 가르침을 전하라고 말씀하신 것이다.

자신의 생각과 지식 지혜를 제대로 전달할 자신이 없으면 입을 닫고 산문 밖을 나서지 않으면 그만이라고 생각할지 모른다.

수행승은 세상에서 가장 자유롭고 독립적 인간상이다.
욕심을 버리고 진리를 추구하는 수행자가 두려울 것이
무엇이며 눈치 볼 일이 무언가?

하지만 착각이다. 세속과 소통하지 못하면 승가 안에서도 소통하지 못한다. 가령 이런 식이다. 사적 감정을 공적 일과 뒤섞어 공사 분별 못하는 숙맥(菽麥), 자신이 서 있는 자리를 제대로 알지 못해 엉뚱한 말을 쏟아내는 눈총꾼, 제 것만 챙기겠다는 놀부 심보, 자신의 생각을 절대 바꾸지 않으려는 벽창호, 남들 눈치 보고 말 한마디 못하는 눈치꾼, 힘 있는 사람 말만 무조건 '예스' 하는 아부꾼, 적당히 눈치 보며 이익을 챙기려는 처세의 달인, 적당한 선에서 화합한다며 제 이익만 챙기는 얌체, 모두 수행자와 거리가 먼 부류다. 나 역시 이중 어딘가에 해당될지 모른다. 글을 쓰면서 나부터 반성하고 깊이 성찰해본다.

'평화는 저절로 오지 않고 권리는 그냥 주어지지 않는다'는 말처럼 당당히 맞서야 할 일이 있다면 주저 없이 소신껏 목소리를 내야 한다. 뚜렷한 문제의식과 주관이 있다면 자기 목소리를 낼 수 있다. 그 목소리는 작아 보이지만 자기 삶뿐만 아니라 공동체를 위한 큰 에너지로 작동한다. 우리가 자기 목소리를 내야 하는 이유는 수행자이기 때문이다. 수행승은 세상에서 가장 자유롭고 독립적 인간상이다. 욕심을 버리고 진리를 추구하는 수행자가 두려울 것이 무엇이며 눈치 볼 일이 무언가? 군림하고 잘난 척하면서 위세 부리는 수행자가 아닌 따뜻한 감정, 차가운 지혜를 겸비한 수행자라면 당당하고 합리적이며 논리적인 말과 글로 드러내는 수행자가 많아졌으면 좋겠다.

용서는 나의 수행, 칭찬은 나의 기도

월정사 성지순례

불교대학을 시작한 지 7년이 되었다. 그
동안 160여 명의 졸업생을 배출했다. 다른 불교대학에 비해 수
는 적지만 재학생과 졸업생 모두 우수하고 부처님 가르침을 실천
하는 데 소홀함이 없다. 지난 해 총동문회를 결성하고 얼마 전
신행실천 첫 걸음도 뗐다. 70여 명의 졸업생들과 함께 오대산 월
정사와 적멸보궁을 참배했다. 월정사가 '찾아가는 포교 지역사회
로의 회향'이라는 상생의 길을 실천하는 포교 현장이어서 졸업생
들도 참배하고 싶어 했다.

월정사는 2004년부터 포교의 새 장을 열고 있다. 오대산 천
년 숲 걷기 대회, 전나무 숲과 선재길 복원, 오대산 불교 문화축
제, 올해로 15주년 되는 단기출가학교(마음출가학교 청춘출가학교, 청
년출가학교, 외국인출가학교) 수행학림, 이웃종교 및 지역민과 함께하
는 족구대회, 청소년문화예술탐방, 문수 청소년회 발족, 강원도
종교협의회 발족, 문화재 제자리 찾기, 학술세미나, 연구 논서 발

간, 선원 개원, 템플스테이(휴식형, 체험형) 등으로 찾아오는 신도나 관람객에 의존하지 않고 산중불교가 나아갈 방향을 제시하고 있는 본사이다. 종단에서 승려 복지를 실시하기 이전부터 월정사는 출가부터 다비까지 책임지는 교구승려복지 시스템을 갖춘 모든 면에서 모범되는 사찰이다. 전법의 길은 중앙에 있지 않고 풀뿌리 불심에서 이루어짐을 월정사는 실제 사례를 통해 보여준다. 배울 것이 많고 앞으로 우리가 가야할 길을 제시해 주는 월정사임을 이번에 다시 한 번 느꼈다.

한국불교 위기, 희망이 없다는 이야기가 요즘 자꾸 들려온다. 위기는 늘 있었다. 그때마다 올곧은 수행자들의 정신적 자산, 불교만 갖고 있는 문화자원으로 위기를 극복했고 그 속에서 또 다른 희망을 만들었다. 세원사도 아주 어려운 사찰이다. 창건 이후 얼마 전까지 성지 순례객이 차량 한 대를 채우지 못할 정도로 신도가 적다. 이번 성지 순례에는 두 대가 갔다. 큰 사찰, 도회지 사찰이 보면 조족지혈(鳥足之血)이겠지만 충남의 농촌에서, 특히 세원사가 처한 상황을 알면 엄청난 변화며 성장이다. 7년 전 만든 불교대학이 변화의 동력이다. 주지로서 부처님께 부끄럽지 않게 게으름 피지 않았고, 졸업생들도 어려운 처지에서 열심히 도운 결과다.

산중에 새로 주지 소임을 맡아 간 후배 스님이 이번 부처님오신날이 지나 만난 자리에서 이런 말을 했다. "전 주지 스님은 부처님오신날을 아홉 차례 보내면서 불자 30명을 넘기지 못했다고 하는데 저는 이번에 150명을 넘겼습니다. 선배 스님의 말처럼 하면 된다는 나의 의지가 중요했습니다." 눈물 나도록 고마웠다. 유리한 조건 하나 없는 불모지에서 고군분투 성과를 만들어낸 후배 스님의 원력에 박수와 격려를 보낸다. 남이 해준 밥에 숟가락 얹는 것보다 내 힘으로 밥 짓고 반찬을 만들어 먹는 밥맛이 훨씬 더 좋으니 수고한 만큼 기쁨도 컸으리라. 그 기쁨을 거름 삼아 더 큰 원력과 정진을 기대한다.

우리 수행자들은 원력을 세우고 부단히 노력하면 위기도 희망으로 만들 수 있다. 내 마음 속의 패배 의식을 걷어내고 비교하거나 무리한 욕심을 내지 않고 지역 정서를 잘 살펴 실천하면 제불보살이 돌보는 데 못할 일이 없다. 월정사가 찾아오는 신도나 관람객에만 의존하고 사찰 내부 불사만 치중했다면 오늘 같은 결과는 없었을 것이다. 해야 할 일이라면 남의 밥상 기다리지 않고 발원하여 앞장서면 위기는 희망으로 바뀔 것이다. 위기는 때로 새로운 변화를 시도하는 플랫폼(platform)인지도 모른다.

오디오북

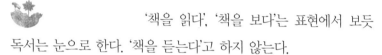

'책을 읽다', '책을 보다'는 표현에서 보듯 독서는 눈으로 한다. '책을 듣는다'고 하지 않는다.

그런데 나는 요즈음 '책을 듣는다'. 책을 듣는 시간은 주로 차 안에 있을 때다. 포교는 사람을 만나고 대화하는 연속이어서 빠른 이동이 필수다. 자연스럽게 차로 이동할 때가 많다. 처음에는 운전에만 집중했다. 여유가 생기면서 라디오를 가까이 했는데 지역이 바뀔 때마다 주파수가 달라져 잡음이 일어나 이 역시 불편했다. 그 무렵 뜻밖에 좋은 도반을 만났다.

얼마 전 같이 사는 유진스님이 '100인의 배우, 우리 문학을 읽다'라는 USB 오디오북을 선물했다. 그 작은 USB 안에 문학 작품 100편이 들어 있다. 근대문학의 중요 단편소설이다. 원고지가 11,178매이며 참여 배우가 103명이다. 낭독 시간이 무려 6,250분이다. 낭독자 인세에 해당하는 판매수익금은 참여 배우의 이름으로 한국 연극인 재단에 기부해 연극인 복지에 쓰인다.

용서는 나의 수행, 칭찬은 나의 기도

문학을 귀로 들으니 참 재미있다. 워낙 많은 문학책을 듣다 보니 잘 알려지지 않은 작품까지 두루 섭렵할 수 있어 더 좋다. 눈으로 읽지 않아도 줄거리와 배경이 영화를 보는 듯 생생하게 머리에 떠올라 생동감이 느껴진다. 책을 읽는데 연기하는 듯 강약을 조절하고 배역에 따라 다양한 색깔의 목소리를 내니 듣는 나는 목소리만으로도 소설 속 다양한 삶의 전개를 느끼고 배역을 알 수 있다. 팔만사천가지 대기설법처럼 느껴진다.

불교방송도 '책 읽어주는 스님' 프로그램이 있지만 고정된 시간에 귀 기울이지 않으면 들을 수가 없어 아쉬웠었다. 언제 어디서든 기기만 있으면 들을 수 있는 문학오디오북처럼 법문 오디오북이 기다려졌는데 대한불교청년회가 개발한 '우리말 팔만대장경' 애플리케이션이 곧 출시된다는 소식을 언론을 통해서 보고 기뻤다. 방대하고 어려운 팔만대장경을 디지털, 스마트 기기에서 접할 수 있다고 한다. TTS(Test to sound)서비스 방법으로 제공된다고 한다. 이 TTS 서비스는 텍스트를 다양한 언어로 변환해 생생한 음성으로 제공되는 서비스이기 때문에 경전 내용을 사용자가 직접 귀로 들을 수 있는 오디오북 기능까지 만들어진다고 하니 이 얼마나 반가운 일인가. 글을 읽을 수 없는 노불자님들, 시각장애인들까지 들을 수 있는 부처님 말씀을 담았으니 팔만대장경 효과가 엄청날 것이라 기대가 된다. 기왕이면 문학을 읽어가는 배우들처럼 애플리케이션에서 제공되는 기계음 음성이 아닌 108인의 불자들을 선정하여 경전을 읽고 그 느낌까지 녹음한다면 더 친근감 있게 들을 수 있지 않을까 싶다.

　100권의 단편소설을 소장하고 있다는 뿌듯한 마음처럼, 오디오북으로 만들어지는 팔만대장경도 누구나 다 소장할 수 있다면 얼마나 좋을까. 부처님 말씀을 가슴으로 마음으로 머리로 품으면서 생활할 수 있을 것이다. 이것이 살아 있는 포교이고, 2561년 전 부처님과 함께하는 것이라 생각을 해본다.

다섯째 마당 •

순례를 떠나는 이유

。

종단 이야기

순환되는 세상

1980년대 초반 중앙승가대학에서 학업을 했다. 안팎으로 어려운 때여서 시련도 많고 공부 말고도 발로 뛰며 경험도 많았다.

종단에서 부담하는 경비로 학교를 운영하는 종립승가교육장이어서 종단에서 부르면 모든 수업일정을 미루고 부름을 받들어야 했다. 스님들을 필요로 하는 곳은 종단 행사뿐만이 아니었다. 크고 작은 행사뿐 아니라 시위에도 참석하지 않으면 안 되는 시절이었다. 시위 중 경찰에 연행돼 종로경찰서에서 하룻밤을 지새운 적도 있다.

종단에서 일정부분 도움을 받는다 하지만 워낙 부족했던 터라 학인들도 책임을 맡아야 했다. 학생으로 학업에 전념하기보다 기숙사 운영비를 마련하느라 탁발에 더 많은 시간을 보냈던 것 같다. 개인적으로도 선객(禪客)인 은사 스님에게 학비 도움을 요청할 수가 없어 스스로 감당했다. 세속으로 치면 독학생활을 한 셈이다. 주말이면 어린이 법회 법사로 용돈을 충당했다. 우수한 성적을 받으면 등록금을 면제 받기 때문에 이런저런 일로 바쁜 가운데서도 학업에 매진했다. 그 덕분에 4년 내내 성적 장학금을 받고 무사히 졸업했다.

바쁘고 힘겨운 4년을 보내고 졸업 후에는 일선에서 포교한다고 졸업생으로서 모교에 대한 도리를 다하지 못했다. 졸업 후 한 번도 총동문회에 참석한 적이 없었던 것 같다. 그 이유는 여러 가지 마음이 복합적으로 작용해 어느 하나를 콕 집어 들 수는 없지만 너무 힘들게 보낸 그 시절을 다시 되뇌고 싶지 않았던 것 같다.

그런데 몇 해 전 '모교등록금 한 번 더 내기' 운동을 한다며 후배 스님과 교수님이 찾아왔다. 그때 학교 운영 상태도 알았다. 탁발하는 형태는 바뀌었지만 그때나 지금이나 학교 운영이 녹록치 않았다. 많은 후배가 나와 종단 안팎에서 동량으로 큰 역할을 한다는 사실도 새삼 깨달았다. 그해 겨울 동문회 일을 하는 후배 스님으로부터 연락이 왔다. 올해 새로 선정하는 '자랑스러운 동문인 상'에 우리 기수에서 내가 선정되었으니 꼭 동문회 밤 행사에 참석을 해달라고 당부했다. 졸업 후 나는 그냥 내가 머물고 있는 이곳에서 최선의 수행을 나름대로 하는 것 외 모교를 위해 한 일이 아무것도 없다. 그런데 후배 스님들은 활동하는 선배 한 분 한 분들을 기억하고 있고 동문으로서 하고 있는 그 일까지 인정해 주고 있구나 하는 생각에 부끄러움이 일었다.

그로부터 두어 해가 지났다. 사중 돈과 별개로 개인 용돈, 원고료, 강의료 등을 모아 학교에 승가교육 불사금으로 전달했다. 가슴 한 켠에 담겨 있던 모교에 대한 마음의 빚을 갚고 싶었다. 통장 이체로 끝나는 줄 알았는데 '승가대학 신문'에 실리는 바람에 여기저기서 이런저런 이야기로 나를 부끄럽게 했다. 일을 처리하는 담당자는 당연히 모두가 귀감이 되게 알리고 싶고 기록하고 싶었겠지만 큰일을 한 것도 아니고 기부금을 낸 것도 불사금을 낸 것도 아니다. 그렇다고 여유 돈이 있어 한 것도 아니다. 단지 나 자신에게 부끄럽지 않게 학교 다닐 때 받은 그 장학금을 이제야 후배들을 위해 내놓은 것밖에 없다. 많이 늦은 감이 있어 오히려 부끄러울 뿐이다.

세상 살면서 공짜는 없다. 어떤 형태로든 받은 것은 갚아야 한다. 갚음은 환원이다. 환원해야 세상이 순환한다. 순환은 정체되지 않는 것을 말한다. 늦게나마 순환 열차에 동승해서 모교에 작은 힘이나마 보탤 수 있어 얼마나 다행인지 모른다.

불교, 우리 스스로가 변해야 한다

2015년 2월 24일, 종단이 펼치는 '100인 대중공사'에 1일 진행자로 참석을 했었다. 내가 맡은 난장 주제는 '중2병을 스님들은 아실까'였다. 중2병은 사춘기의 정점에서 나타나는 가장 전형적이고 극심한 성장통의 형태라고 볼 수 있는데, 청소년 모두가 다 겪는 것은 아니다. 한 시절 지나가는 유행성 전염병과 같은 신드롬에 불과한 것인데 마치 큰 병처럼 모든 아이들에게로 향하는 것이 조금은 안타깝다.

주최 측이 난장별 주제로 '중2병'을 선택한 것에 대해 나름대로 결론을 내렸는데 첫째 일반 청소년 대상이 아닌 이른바 문제 청소년의 아픔을 불교가 어떻게 공감하고 소통할 것인지에 그 역할을 찾고자 함이고, 두 번째는 사회적 관심을 끌어와 그에 어울리는 청소년포교 전략을 만들어 가려는 뜻으로 설정했을 것이라고 짐작했다.

나는 토론 진행자여서 말을 아꼈다. 나름 그 방면 전문가여서

용서는 나의 수행, 칭찬은 나의 기도

할 말은 많았지만 토론자들이 어떤 문제를 제시할지, 또 문제에 따른 실천 방안을 어떻게 내놓을지 궁금증이 더 컸다. 결론은 시간이 많이 부족해 충분한 심화토론이 이루어지지 못해 아쉬웠지만 다수가 모여 대화를 나누었던 것만으로 큰 성과가 있었다.

더 큰 문제는 실천이다. 아무리 좋은 전략도 실천하지 않으면 소용없다. 종단이 심혈을 기울여 종단 중진 대덕스님들은 물론 재가지도자, 각계 전문가를 불러 함께 토론하고 해결책을 찾아가는 '대중공사'도 대중의 지혜를 모아 실천에 옮기기 위함일 것이다. 그러나 안타깝게도 우리는 늘 이 부분에서 막히고 절망해 왔다. 포교원은 오랫동안 많은 비용과 시간을 들이고 전문가를 동원하여 어린이, 청소년, 대학생 불자를 키우기 위한 방안을 제시하고 프로그램을 개발했다. 그 지난한 작업은 여전히 진행 중이다. 하지만 실천이 없다. 과문한 탓인지 포교원이 제작하여 보급한 프로그램이 모모 사찰이나 교구에서 잘 활용하여 그 결실을 보았다는 보도나 보고를 접한 적이 없다. 포교원이 이를 점검하고 실천되지 않는 이유를 찾아 개선한다는 후속 조치도 들은 바가 없다.

하지만 더 큰 문제는 우리 자신이다. 종단은 국가처럼 강제할 수단이 마땅하지 않다. 실천하지 않는다고 벌을 줄 수도 없다. 오직 스스로의 원력과 의지에 맡길 뿐이다. 왜냐하면 우리는 스스로 부처님을 따라 평생을 살고 부처님 법을 전하겠다고 자발적으로 불문(佛門)에 든 수행자이기 때문이다. 누가 시킨다고 움직이

고 금지한다고 안 할 스님들이 아니다. 그러면 책임도 내가 져야
한다.

　그래서 포교원이나 종단 차원에서 시스템을 요구하기 전에 스
스로 움직여야 한다. 아무것도 할 수 없을 것 같은 나의 작은 힘
이 어떤 모양을 만들어 본사를 움직이고, 그 본사는 종단을 움
직여 가야 우리는 미래를 말할 수 있다. 개인은 움직이지 않고
계속 종단 탓, 본사 탓을 하며 시간 보낼 일이 아니다. 종단은 종
단 역할이 있고 본사는 본사 역할이 있다. 단 한 명의 청소년이
라도 좋으니 말사에서부터 관심을 가지고 시작하면 분명 길이 보
일 것이다. 오랫동안 청소년 관련 일에 몸담으며 쌓은 경험을 통
해 제언을 한다. 불자 청소년 양성 미래 프로젝트로는 우선 종
단 허브 역할을 하는 각 교구본사에서 청소년 법인을 설립하여
전담 청소년 지도사를 배치한다. 지도사는 해당 지역 전체 청소
년 대상으로 무엇을 할 것인가 고민해야 할 것이다. 월정사 성보
박물관이 '박물관 길 위에 인문학' 사업에 선정되어 평창군과 강
원도 내 초·중·고등학교 대상으로 전통지화, 전통등 만들기 문
화와 역사 종교가 결합하는 체험 프로그램을 운영한 바 있다. 문
학적 창의력과 상상력을 일깨우기 위한 이 학습장은 자연스럽게
청소년을 절 안으로 끌어들였다. 좋은 사례다.

　100인 대중공사, 하루 동안의 짧은 만남과 토론 속에 구체적
인 결과를 기대하기는 성급하지만 그래도 우리들 문제점을 직시
하고 논의되는 것만으로도 희망을 보는 자리였다.

　　　　　　　　　　　용서는 나의 수행, 칭찬은 나의 기도

은사 자격시험이라도
만들어야 하나?

얼마 전 종단 교육원에서 실시하는 승가고시 3급 면접관으로 참여했다. 3급 승가고시는 출가 11년차에게 자격이 주어지는 고시이다. 이 고시를 통과하면 한 사찰의 주지를 맡을 수 있다. 그만큼 중요한 관문이다.

교육원은 정해진 매뉴얼에 맞추어 준비해 온 내용을 듣고 질문하는 방식의 면접법을 권했지만 어느 정도 자율성을 갖기로 했다. 출가자로서 심리적 안정 상태, 자신을 얼마나 사랑하며, 상대를 수용할 여유를 갖고 있는지를 알고 싶었다. 주관하는 교육원은 싫어할 수 있겠지만 면접관 자율성도 있다고 보았다. 무엇보다 우리 종단의 중추를 이루고 본격적으로 대중 교화에 나설 스님들이기에 심리 상태를 파악하는 것은 출가 대선배로서, 중앙종회의원으로서 책임이기도 했다. 자신이 준비해 온 3분 스피치 법문을 하고 평가를 받을 줄 알았는데 생각하지 못한 질문을 받고 당황하는 스님도 있었고 잘 대처하는 분도 있었다. 면접자들

용서는 나의 수행, 칭찬은 나의 기도

처럼 질문하는 나도 생각하지 못한 답변에 놀라고 당황하기도 했으며, 화도 났고 희망도 보았다.

은사 스님을 모시고 살면서 본인이 느끼는 은사 스님의 장단점을 말해 보라고 했다. 장점도 배워야 하고 단점도 배워야 함께 살 수 있기 때문이다. 장점은 더 크게 내 것으로 만들어 가야하고 단점은 나는 저렇게 하지 말아야 하겠다 하는 심리를 정리하는 계기로 작용하는데 이러한 것이 수행의 기본단계다. 단점보다 장점에 큰 비중을 둔다면 함께 살아가지 못할 이유가 없다. 장점보다 단점이 더 크게 보이면 종국에는 함께할 수 없다는 선언을 하고 갈라선다.

은사 스님과 함께 산다는 한 면접자의 이야기를 듣고 순간 숨이 턱 막히는 것 같았다. '아, 아직도 이러며 사는구나' 속으로 생각하며 놀랐다. 잘못된 것을 알면서도 수용하면서 살 수밖에 없는 은사와 상좌라는 고리가 참으로 무겁게 느껴졌다. 나도 누구의 은사며 상좌다. 나는 상좌에게 명확한 배움을 주는 은사인가? 수없는 질문을 그 스님을 보면서 찾으려고 했다. 승가대학(강원) 졸업 후 24시간 일거수일투족 은사 스님과 함께해야 하고 학교, 선방, 도반 모임, 홀로 외출은 상상도 못한다고 했다. 심지어 시대에 맞는 포교를 구상하고 시도해 보고 싶지만 이해를 못한다니 듣는 나도 숨이 막히는데 10년을 그 밑에서 시봉한 이 스님의 마음은 오죽할까?

그 스님도 요즘 보기 드문 효상좌다. 은사 스님 뜻을 거스르고 싶지 않아 그냥 참고, 종단에서 실시하는 고시조차 이해를 못할 정도로 꽉 막힌 분을 내가 참으면 되는데 어떻게 혼자 두고 나 편하자고 독립을 선언하고 나올 수 있겠느냐고 '답변'한다. 아마 처음 털어놓는 속마음이 아니었을까? 그 말을 하면서 눈물을 흘렸다. 그 모습은 결코 '수행자여서 행복합니다'는 기쁨과 환희와는 거리가 멀었다.

출가 11년차 정도 되면 출가 본사를 떠나 자기만의 수행처를 찾아가는 시기다. 그러나 아직은 불완전하고 배워야 할 것도 많다. 대자유를 선언하고 무소의 뿔처럼 혼자 가서 성공하는 사례도 있지만 수행자도 속인도 아닌 중간 지점에서 주저앉아 방황하는 예도 많이 보았다. 그래서 은사 스님을 모시고 오랫동안 사는 스님들을 보면 대견하고 반듯해 보이는데 그러자면 은사 역시 준비돼야 한다. 제자 교육을 제대로 시킬 수 있는 능력과 인품을 갖춰야 한다.

종단 고시제도가 이제 자리를 굳혔다면 은사를 위한 재교육도 강화돼야 한다. 성직자가 아닌 수행자가 되도록 노력하고 큰스님이 아닌 작은 스님, 군림하고 잘난 체하는 꼰대가 아닌 따뜻한 감정, 차가운 지혜가 어우러져 소통하는 그런 스승이어야 한다. 그럴 때 스승과 상좌, 그 인연 자체가 살아 움직이는 불교, 행복한 수행자가 될 것이다.

순례를 떠나는 이유

교육원이 주최하는 승려 해외연수 6번째 행사에 동참했다. 해마다 이 연수를 놓치지 않으려고 애쓰는 이유는 나와 너의 문화, 더 나아가서 국가와 국가 간의 문명 등 다양함을 경험하고 몸으로 체험할 수 있는 배움의 터이기 때문이다.

이슬람교, 유대교, 기독교의 탄생지인 이집트, 이스라엘, 요르단 유적지를 돌았다. 13시간의 비행시간이 녹록치는 않았지만 다른 종교의 문명과 가르침을 배우는 한편 부처님 가르침을 더 단단하게 새긴 기회여서 힘든 줄을 몰랐다.

맨 먼저 들른 이집트에서는 세계 7대 불가사의 중 하나인 피라미드를 보고 그동안 갖고 있던 이웃종교에 대한 편견이 눈 녹듯 사라졌다. '제왕의 무덤'은 큰 울림을 주었다. 20년 동안 무게 700만 톤 에 이르는 230만개의 돌을 이용해 146m 높이로 쌓는 공사는 사람의 육체로 가능한 일이 아니었다. 파라오가 전지전능한 신이라고 믿었기 때문에 그들은 힘을 내고 역경을 이겨냈을 것이다. 국토 전역과 박물관까지 파라오 무덤이 산재한 이집트는 인간의 궁극적인 희망에 관해 들려주는 듯 했다. 그들이 믿는 신과 함께 죽지 않는 영원한 생명을 꿈꾸며 현실의 고달픔을 견뎌내는 힘을 피라미드를 통해 얻었는지 모른다고 생각했다.

　요르단에서는 사막에 꽃 피운 붉은 바위왕국 페트라를 보았다. 해발 950m 고원 붉은 사암으로 이루어진 바위 틈새에 세운 이 도시에 남은 유적은 경탄을 자아냈다. 자연이 만들어낸 협곡 시크를 인간은 아름답고 신비한 도시로 장식했다. 계곡은 그래서 고대로 가는 통로였다. 이스라엘 예루살렘에서는 예수가 로마 총독 빌라도에게 재판을 받은 제1지점에서 14지점인 골고다 언덕의 성묘까지, 십자가의 길을 만날 수 있었다. 그 길은 살아 있는 성경이었다.

　긴 시간과 사막의 거친 환경에서도 9박 11일 간 여정을 함께한 52명의 순례단은 승랍, 나이, 종교의 벽을 넘어 하나가 되었다. 모두 지혜와 자비가 충만한 수행자였기에 상대방을 배려하는 마음이 앞섰다. 성서의 땅이었지만, 우리는 본분을 놓치지 않고 버스 안에서 기도 올리고 발원문을 낭독하였다. 순례단 한 명 한 명이 '살아 있는 부처님'이라 생각하며 새벽예불 때마다 올린 발원문이다.

　"거룩하시어라.
　대한불교조계종 52명의 성지순례단이시여!
　하늘에서 내려다보이는 지중해 동녘 성서의 땅은

　　　　　　　　　　용서는 나의 수행, 칭찬은 나의 기도

온통 회색빛이었습니다.

하지만 순간순간 마주하는 것은 동서양의 조화뿐 아니라
고대문명과 함께 현대가 숨 쉬는 이웃종교의 찬란한
6000년의 역사였습니다.

우리 순례단을 이끌어 주시는 지도법사이신 혜국 큰스님은
이 땅에서 마주하는 모든 것에 대하여
가슴이 떨리고 다리가 떨린다고 표현을 하셨습니다.

그 떨림의 세계는 이번 순례단 개개인에게 던지는
화두였습니다.

중생교화를 위해 '둘이 가지 말라, 물소의 뿔처럼 혼자 가라'는
세존의 구도 선언, '혼자 가지 마라, 셋이 가라'는
이웃 종교의 구도선언의 답은 분명 우리 안에 있습니다.

우리 순례단이 행하는 모든 발길 광명의 터전으로 만들어
어리석음을 지혜로 바꾸고 이룰 수 없음을 해낼 수 있도록
힘과 힘을 만들어 주는 믿음을 주는 시간입니다.

거룩하신 순례단이시여! 발원하옵나이다.

수행자라는 개개인의 존엄함,

창조의 주인임을 사무치게 깨닫게 하는 이 인연공덕으로
삶의 의미를 새롭게 다지고 자기존재를 자각하고
세상을 밝게 보는 눈을 뜨게 하소서.

그리하여 가슴마다 보리의 씨앗을 심어 성불의 열매를
맺도록 하소서."

여시여시(如是如是)

『금강경』에 수보리존자가 부처님께 "어리석은 중생들이 큰 행복을 성취하려면 어떻게 그 마음을 유지하고 그릇된 마음을 다스려야 합니까?" 하고 여쭈었다. 부처님께서는 "큰 행복을 이루겠다 마음을 낸 다음에는 마땅히 이와 같이 그 마음을 유지하고 이와 같이 그 마음을 항복받아야 하느니라(應如是住 如是降伏其心)."라고 하셨다. 여시여시(如是如是)는 '처음 마음을 내었을 때처럼 지키고, 그 마음을 내었을 때처럼 실천하라'는 뜻이다. 처음 일으킨 그 마음을 변함없이 실천하라는 큰 가르침이다.

여시여시(如是如是)는 사람 관계에서도 적용된다. 상대가 나를 배려하는 마음에서 우러나오는 이야기면 오랫동안 기억 속에 남아 때로는 나를 내려치기도 하고 때로는 나를 올려 세우기도 한다. 그래서 말을 할 때는 신중해야 하고 뱉은 말에는 책임을 져야 한다. 상대와 무슨 말을 주고받았는지 기억을 못하는 말은 어떻게 보면 임기응변에 불과하다. 무슨 말을 했는지조차 기억하지 못하니 얼마나 성의 없고 마음에 없는 말을 했는지 짐작할 수 있다. 상대 역시 눈빛만 보아도 이 사람이 진정으로 하는 말인지 건성인지 단박에 깨닫는다.

물론 가까이 오랫동안 같이 있다고 해서 사람 마음을 다 알지는 못한다. 밥 먹고 차 마시고 여행을 함께하는 친한 친구 사이에서도 그렇다. 오죽했으면 '열 길 물속은 알아도 한 길 사람 마음은 모른다' 했을까. 물론 사람 마음속을 속속들이 읽을 필요는 없다. 가능하지도 않다. 그러나 사람 사이에 꼭 전재돼야 할 것이 있다. 같은 목적과 사상이다. 불교는 친구라 하지 않고 도반(道伴)이라 한다. 같은 진리를 추구하는 벗이라는 의미다. 서로 지향하는 이념 사상이 다른데 친밀한 사이라면 그저 일상을 함께하는 이상을 넘지 못한다. 뜻이 같지 않으면 아무리 만나도 외로움을 달래지 못한다. 반대로 지향하는 바가 같다면 서로 논쟁하고 더 잘하려다 자주 다툴 것이다. 그러나 그 속은 더 단단해진다. 왜냐하면 서로 지향하는 바를 더 잘하려고 다투기 때문이다. 그래서 부처님께서는 '자주 만나 법을 논하라'고 하셨다. 뜻을 함께하지 않지만 일상의 소소한 이야기를 나누며 적당한 거리를 유지하며 겉으로 평온하게 지내는 '친구'와 진리를 놓고 치열하게 싸우며 씩씩거리지만 같은 길을 걸어가는 어둠 속의 등불 같은 도반 중에 나는 주저 없이 후자를 택할 것이다.

그러나 사람 관계가 그처럼 두부 모 자르듯 정리되지 않는다.

참 복잡하다. 우물 속보다 바다보다 깊을 뿐 아니라 이리저리 얽힌 실타래, 보이지 않는 나무뿌리처럼 복잡하고 어디로 갔는지 종잡을 수 없는 것이 사람 마음이다. 그 사이가 가까울수록, 많이 안다고, 오래 만났다고 할수록 그렇다. 성격도 다양하고 어떤 때는 한 없이 좋다가 또 어떤 때는 그 좋은 점이 어느 순간 갑자기 단점으로 보여 보기 싫을 정도로 미울 때도 있다. 늘 부정적으로 바라보며 사람 맥을 빠지게 하는 성격의 소유자, 늘 이리저리 재고 간을 보는 듯한 음흉한 자, 감정을 끝까지 끌고 가며 화를 돋우는 조직 부적응자 등 단점도 참 많다. 그게 어디 상대뿐일까? 나 역시 상대방에게 이 중 어느 하나에 속하는 나쁜 점과 단점을 보일 것이다.

물건은 새것이 좋고 사람은 오래 될수록 좋다고 했다. 물건이야 그때그때 따라 버리고 새로운 것으로 바꾸어 내가 족하면 그만이다. 하지만 사람은 그렇지 않다. 버리고 싶을 때 버릴 수 있는 물건이 아니다. 오래 만나면 정이 들고, 정이 들면 전에 보이지 않던 단점이 보이고 싫은 마음도 생긴다. 미운정 고운정이다. 고슴도치 사랑이라고, 다투고 싸우고 감정 상하는 것도 가까이 있어 서로가 서로를 가시처럼 찌르기 때문이다. 길 가며 스쳐 지나가는 낯선 사람한테서 무슨 감정이 생기겠는가. 그래서 여시여시(如是如是)가 되어야 한다. 처음에 바라보고 인지하는 그 마음을 세월이 가더라도 유지하도록 내가 먼저 애써 노력해야 한다. 여시여시야말로 진짜 수행이고 마음공부다.

용서는 나의 수행, 칭찬은 나의 기도

조문법석(弔問法席)

부처님께서 깨달음을 이루신 4년 후 아버지 숫도다나 왕의 임종을 지켰다. 왕의 육신을 다비장으로 옮길 때 일이다. "제가 앞쪽에서 관을 들겠습니다." 친족들이 말리고 나섰다. "부처님은 하늘 위 하늘 아래 가장 존귀한 분입니다. 아무리 속세의 인연이 깊다지만 인간의 상여를 지게 할 수 없습니다." 부처님께서는 이렇게 답을 하셨다.

"제가 상여를 들지 않으면 비구는 부모의 은혜를 모른다고 비난하는 자들이 생길 것입니다."

이 이야기는 깨달음을 이룬 부처라 할지라도 부모의 은혜를 잊어서는 안 된다는 실천의 법문을 몸소 보여주신 사례이다.

그런데 우리 승가는 어떠한가. 출가와 동시에 속가 인연들은 내려놓는 것을 당연한 듯 여긴다. 은사 스님 장례는 잘 치러도 낳아 준 부모님에 대한 장례는 남아 있는 형제들에게 미루고 심지어 부모님이 언제 돌아가셨는지 모르는 경우도 있다. 혹 안다 하여도 도반들에게 부고장을 돌리는 것은 결례라 생각하여 혼자 장례를 치른다. 도반 속가 부모님이 돌아가셨다고 하는 부고 문자를 받으면 필자는 아직도 어색해 한다. 그 이유는 처음부터 속가의 인연을 멀리해야 한다는 고정관념 때문일 것이다.

얼마 전 후배 스님의 모친이 돌아가셨다는 소식을 우연히 접하고 가까운 곳이라 잠시 다녀왔다. 후배 스님은 육남매 중 막내로 태어났고 유복녀이다. 그 스님의 모친은 신심이 돈독한 불자로서 99세 평생 삶은 살아 움직이는 기도도량이었다. 불사 하는 사찰에는 어김없이 자식들 이름을 올리시는 분이라 주변 사찰 주지 스님들치고 보살님을 모르는 분이 없었다. 스님이 되려 했지만 때를 놓쳐 늘 아쉬워했던 보살님은 자식 대에서라도 그 원력을 맺으려 했다. 그리하여 큰 아들을 출가시켜 보려 했지만 실패하고 막내인 후배 스님이 대신 했다. 보살님은 큰 아들의 전철을 되풀이 하지 않으려고 막내를 어린이 법회부터 중·고등학교 청년법회까지 보내며 불연을 맺도록 힘쓰셨다.

출가 이후에도 혹시 큰 아들처럼 못 견디고 다시 집으로 돌아올까 걱정돼 천일기도를 하신 분이다. 그 인연 공덕으로 후배 스님은 은사 스님을 모시고 경상도 어느 사찰에서 주지 소임을 잘 살고 있다.

부왕의 위독하심을 듣고 고향으로 내려가 부왕의 마지막 모습을 지켰던 부처님처럼 후배 스님도 모친이 위독하다는 소식을 접하고 경상도에서 충청도로 한걸음에 달려가 머리맡에 앉아 독경

용서는 나의 수행, 칭찬은 나의 기도

출가와 동시에 속가 인연들은 내려놓는 것을 당연한 듯 여긴다.
은사 스님 장례는 잘 치러도 낳아 준 부모님에 대한 장례는 남아
있는 형제들에게 미루고 심지어 부모님이 언제 돌아가셨는지 모
르는 경우도 있다.

을 했다. 어머님은 출가한 딸이 읊는 경을 들으며 잠자듯 아주 편안하게 임종했다. 장례식장에 도착하니 불사 인연을 맺었던 주변 사찰 주지 스님들의 발길이 끊이지 않았고, 후배 도반 스님들의 경 읽는 소리가 식장을 장엄했다. 그 모습은 어느 장례식장에서 볼 수 없는 조문 법석이었다.

목탁 치며 염불하는 다른 한쪽에서는 스님이 손수 달인 차(茶)가 술 대신 올라갔으며, 음악을 전공한 스님은 노래로 영가의 왕생극락을 빌었다. 출가하지 않은 어느 재가자가 그토록 많은 스님들의 축원과 법당에 계신 부처님만이 받을 수 있는 공양을 받으며 떠날 수 있겠는가? 비록 몸은 세속에 두었지만 그 행과 마음이 출가자 못지않게 신실하여 수많은 복을 지은 공덕이니 가시는 걸음걸음이 바로 불국토일 것이다.

출가 이후, 속가 집과 거의 내왕이 없어 어머니 임종뿐 아니라 장례조차 제대로 지키지 못했던 터라 후배 스님의 남다른 조문법석을 지켜 본 마음은 만감이 교차했다. 독경, 차공양, 음악, 그리고 법문이 어우러진 '조문법석'은 슬픔에 잠겨 있는 유족들에게 치유와 위안을 준다는 사실을 확인한 소중한 자리였다.

본인기본부담금

30년 전 일이다. 농촌 포교 원(願)을 세우고 주민등록증을 옮기던 날, 마을 이장님이 찾아왔다. 주민 되신 것을 환영하고자 인사차 오셨다면서 "농어촌 세대주가 되셨으니 의무적으로 국민의료보험과 국민연금을 들어야 한다."고 일러주었다. 경제 사정에다 마음의 준비가 안 된 상태여서 쉽게 답을 할 수 없었다. 며칠 후 이장님은 또 찾아 오셨다. "저도 잘 모르지만 의료보험은 아파서 병원 가실 때 아주 저렴한 가격으로 치료할 수 있고 국민연금은 지금부터 들어 두시면 노후가 든든할 것입니다. 스님께서도 놓치지 마시고 이번 기회에 가입하여 혜택을 받으시길 바랍니다."라는 진정성 있는 권유에 공감은 했지만 농촌 포교당, 그것도 경제적 여력이 전혀 없는 환경에서 보험료는 큰 부담이었다. 며칠만 여유를 달라고 했다.

많은 고민 끝에 보험료 충당 대책을 세우지 못한 상태에서 가입하기로 했다. 공과금 지출의 최우선 순위를 의료보험과 국민연금에 두었다. 보험료를 낼 수 있도록 기도하며 절약 또 절약했다. 절약에도 불구하고 몇 년은 고생을 했다. 하지만 30년이 지난 지금 두 가지 혜택을 체감한다. 의료보험은 병원을 갈 때마다 혜택을 보고 국민연금은 이제 매달 통장으로 들어온다. 참 잘한 일중 하나였다고 스스로 칭찬한다. 그때 경제적 어려움 때문에 놓쳤다면 어떻게 이런 혜택을 누릴 수 있을까 생각한다. 이는 농어촌 세대주였기 때문에 가능했다.

우리 종단도 이제 본인기본부담금을 2020년 7월부터 시행에 들어갔다. 승려복지 수혜대상이 되는 모든 스님이 '본인기본부담금'을 의무적으로 납부하는 취지를 담은 승려복지법 개정안이 지난 11월 통과됐다. 그 내용을 보면 "①승려복지 수혜대상이 되는 승려는 승려복지 본인기본부담금을 납부해야 한다. ②승려복지 본인기본부담금을 1년 이상 체납한 승려에 대해서는 승려복지회의 의결을 거쳐 지원을 제한할 수 있다. ③승려복지 본인기본부담금 납부금액 및 납부방법 등은 종령으로 정한다." 등이다.

2011년 제정 당시 승려복지법에는 본인기본부담금이 빠져 있었다. 이번에 승려 정기분한신고 시행 자료에 보면 본인기본부담금 자동이체 신청서도 있다. 분한신고가 의무이며 본인부담금도 또한 의무이니 놓치지 말라는 뜻이다. 새 제도 도입을 위해 공청회, 입법예고 등 절차를 거쳐 종회에서 개정안이 통과되었고 1월 9일 시행공고까지 나왔지만 그래도 낮은 인식과 이해 부족으로 혼란스럽다고 한다. 출가 당시부터 이런 제도에 익숙했다면 당연한 것으로 받아들이고 본인이 낸 부담금으로 나중에 필요할 때 혜택을 받는다는 인식을 가졌을 텐데 아쉽다. 이미 천주교 원불교 기독교는 자기 부담금을 기본재원으로 자체 복지제도를 만들어 운영한다. 그런 점에서 우리 종단은 늦어도 너무 늦었다.

종단 내 복지재원시스템이 분산된 것도 문제다. 종단승려복지회, 비구니회 복지, 수좌회 복지, 교구 복지회 등으로 같은 기능을 지닌 조직이 여럿이다. 이 때문에 말사 주지 스님들은 본인 복지보다 이중삼중으로 부과되는 복지 부담금에 어깨가 무겁다. 조계종 스님을 대상으로 복지혜택을 주는 취지라면 굳이 여러 조직을 둘 이유가 없다. 중복된 기능을 통합하여 단일 체계를 도입해야 한다. 무엇보다 인식 전환이 중요하다. 종단 지원을 기대하기 이전에 종도로서 의무를 다한다는 자세를 지녀야 한다.

많은 논란과 시행착오를 거치며 어렵게 종단 복지 시스템이 출발했다. 승려복지는 스님들의 복지 보장을 넘어 승가공동체를 유지하는 선결조건이다. 중앙종무기관과 교구 스님 불자들이 하나가 되어 반드시 성공해야 하는 우리 종단의 미래다.

공심

개인에게 조직은 큰 버팀목이다. 또 조직은 개개인의 힘이 모아져 만들어지고 그 개개인이 힘이 분산이 되면 흔들리고 와해되기가 일수이다. 만들어진 조직이 거대한 힘을 발휘할 때는 개인에게 이득도 주고 손해도 준다. 또 분배 정책이 잘 되지 않을 때는 여기저기서 불만이 쏟아져 나올 뿐 아니라 권력을 가진 몇몇 사람에 의해 좌지우지 될 수도 있는 것이 우리가 기대고 있는 조직의 현상이다. 그 조직이 마음에 안 든다고 하여 스스로 매도질 하는 것은 참으로 슬픈 일이다. 조직에서의 지도자는 그 조직을 이끌어가는 리더일 뿐이다. 싫든 좋든 리더의 결정을 바라보고 수용해야 한다. 그것이 싫으면 나 스스로 그 조직을 버려야 한다. 리더의 생각만을 주장할 수 없는 곳이 조직이다. 조직에는 정해 놓은 법이 있고 질서가 있다. 그 질서를 바탕으로 의견을 수렴하고 전체를 바라보는 시각에서 일을 결정하고 수행해 나가는 것이 리더의 몫이다. 어디에든 치우치지 않는

중립의 자세에서 말이다. 이것을 우리는 공심(公心)이라 한다. 이 과정에서 형편상 이루어질 수 없는 문제를 해결 못한다 하여 무능력자이고 적폐자라고는 할 수 없다. 조직 속에 있는 한, 자신의 이익과 공동체 이익을 조율해 나가야 한다.

　요즈음 우리 종단은 남이 하면 불륜이고 내가 하면 로맨스라는 사고로 서로를 헐뜯었던 사례가 빈번했다. 누가 옳고 그른 것은 없다. 단지 생각 차이에서 오는 표현일 뿐이다. 출가를 할 때 총무원, 그리고 본사가 내 수행과 삶을 책임져 줄 것이라는 기대를 갖고 오는 사람이 얼마나 될까. 단지 스스로 선택한 그 길에 인연된 출가 사찰, 그리고 은사와 상좌라는 제도 속으로 들어가 멘토와 멘티가 되어 작고 큰 깨달음으로 서로 이끌고 당기고 부대끼면서 수행해 가는 것이다. 이 제도를 스스로 소화하지 못해 수행이라는 틀로 자신을 가두고 그 속에서 안주하는 경우가 허다하다. 그래서 사찰의 역할을 하지 못하는 토굴이 여기저기 산발적으로 생기는 이유일 것이다. 누구의 간섭도 받고 싶지 않은 나 하나만을 위한 공간으로, 수행이 생활로 탈바꿈하는 줄도 모르는 체 말이다. 절집이든 속가이든 삶 자체가 각자도생이다.

　'출가에서 다비까지 스님들의 수행생활 보장', 이 부분도 막연하게 요구만 할 것이 아니다. 이런 복지시스템을 수용하기 위해 오로지 봉사와 헌신으로 종단에 이바지 했을 때 가능한 일이고 안으로는 개인적인 안위는 생각지도 말아야 한다. 우리 종단도 시대의 흐름에 따라 많이 개선되고 바뀌어져야 하겠지만 종단이 무엇을 해주었느냐고 말하기 전 나 자신이 종단을 위해 무엇을 했고 무엇을 할 수 있는가를 생각을 해 봐야 발전 가능한 것이 아닌가. 나는 아무것도 하지 않고 바라기만 하는 무임승차형, 이 또한 내 안에 잠재되어 있는 무거운 적폐청산이다. 곳곳에 수행처는 많다. 하지만 그 속에서 함께 공유 못하는 것은 공익보다는 사익이 우선이기 때문이다.

수행자는 우선 사찰이 사찰 역할을 하지 못하는 곳에 내 개인적 안위를 위해서 살고 있는 것은 아닌지 뒤돌아봐야 한다. 얼마 전 촛불집회와 적폐청산을 외치는 단식천막에서 '나는 왜 단식을 하는가'라는 글을 보고 많이 안타까웠다. 왜 이런 개인적인 수행고를 단식천막에서 해야 했을까 하는 의구심이 부끄럽게도 일어났다. 가난한 절, 부자 절, 어느 기준에 두고 평가를 하는지는 모르지만, 주지라는 자리가 내 개인의 안위를 위한 소유물로 생각한다면 몸도 마음도 가난할 수밖에 없다. 그냥 얻어지는 것이 없다.

용서는 나의 수행, 칭찬은 나의 기도

분원장들의 아픔

1989년 사찰을 새로 창건할쯤 주변 도반 스님들은 선학원 등록을 권유했다. 그때까지만 해도 종단 분규가 심했다. 조계종에 등록하면 재산권을 보장 받을 수 없을 뿐 아니라 언젠가 종단이나 본사에서 절을 내놓으라고 할지 모른다는 우려 때문이었다. 끝까지 종단 등록의지를 굽히지 않자 재단 법인에 등록하여 창건주 권한뿐만 아니라 상좌에게 물려주는 '사자상승(師資相承)'도 보장 받을 수 있다. 종단에 비해 분담금도 적게 내고 운영권 간섭을 받지 않아 편하다는 등 온갖 장점을 거론하며 종단 등록을 만류했다. 모두 나를 위한 염려임을 잘 안다. 하지만 나는 결국 세원사를 보령 지역을 관할하는 교구본사 수덕사 말사로 등록했다.

선학원 등록을 권유하는 것은 도반뿐이 아니었다. 당시 종단도 선학원으로 등록하는 데 만류하거나 반대하지 않았다. 물론 당시는 선학원이 종단을 벗어나거나 독립하려는 움직임이 없었고

출가하여 생긴 재산은 모두 부처님 소유며 단지 인연 따라
일시적으로 내게 왔을 뿐이기 때문이다. 나는 잠시 돌보는
관리자이지 주인이 아니다. 그러므로 세원사는 영원한 내
소유물이 될 수 없다.

용서는 나의 수행, 칭찬은 나의 기도

스님들도 선학원과 종단을 일체로 여겼기 때문에 선학원 등록을 막지 않은 이유를 이해한다. 그렇다 해도 잘못된 태도다. 종단이 선학원 등록을 방관하거나 조장했기 때문에 오늘날 이른바 선학원 사태를 야기했다. 선학원에 등록한 스님 역시 잘못이 없다. 그 이유 또한 충분히 타당하다. 힘들게 사찰을 창건하여 개인 재산으로 가지고 있지 않고 등록할 때는 누구나 연고권을 보장 받기를 원한다. 그 믿음이 흔들리면 다른 선택을 하는 것은 당연하며 그 어느 누구도 탓할 수 없다. 문제는 신뢰를 주지 못한 조직 즉 종단이지 권한을 보장받기를 원하는 스님이 아니다.

그럼에도 불구하고 내가 한 치의 망설임 없이 세원사를 종단 사찰로 등록한 이유는 단순하다. 출가하여 생긴 재산은 모두 부처님 소유며 단지 인연 따라 일시적으로 내게 왔을 뿐이기 때문이다. 나는 잠시 돌보는 관리자이지 주인이 아니다. 그러므로 세원사는 영원한 내 소유물이 될 수 없다. 이후에 안 사실이지만 종단은 무조건 절을 빼앗지 않았다. 사설사암은 사설사암대로 보장을 했으며 공사찰은 불사를 잘했다 하더라도 주지 소임 순환 원칙에 따라 오고 가고 했다. 이 순환 과정에서 생긴 몇몇 불미한 사례가 부풀려져 무자비하게 절을 뺏는 식으로 인식이 심어진 것이다.

공사찰이라고 해도 낡고 퇴락한 가람을 창건 수준으로 중창하는 공을 세우면 이를 인정하여 창건주 대접을 하는 제도가 옳다. 그렇지 않으면 공찰에 살면서 사설사암 만들 궁리만 하지 않겠는가? 실제 그런 사례가 적지 않다. 이런저런 이유로 공사찰을 꺼리고 너나할 것 없이 능력되면 사설사암을 창건한 것이 지난 시절 우리 종단의 한 모습이다. 그렇다 해도 그 모든 공과 결실은 부처님께 귀속된다는 진리는 변하지 않는다.

얼마 전 '선학원 발전을 위한 분원장 워크숍'에 다녀온 적이 있다. 내내 마음이 아팠다. 문화체육관광부에 등록한 '한국의 종교 현황표'(2012년)에서 불교 명칭을 사용하는 종단은 137개였다. 그런데 선학원은 종단이 아닌 불교관련 법인체라고 한다. 선학원 분원 500여 곳 중 300여 곳이 조계종 소속 승려가 주지라고 하는데 그분들은 종단 소속이 아니라는 말이다. 선학원도 종단과 다름없다고 주장할지 모르지만 종단과 재단법인은 엄연히 다르다. 조계종단 안에도 많은 법인이 있다. 이 법인들은 모두 종단법을 따르기 때문에 종단 안의 법인이다.

하지만 선학원은 종단법을 따르지 않고 독자 조직이라고 강변하므로 소속된 분원장들도 법적으로는 조계종과 분리되는 셈이다. 조계종 승려가 어느 날 사는 사찰에 따라 승적이 변경되고, 사제지간 뿐 아니라 함께 동문수학한 도반까지도 종단이 달라지고 관계가 해체된다면 이보다 더한 비극이 없다. 잘못은 선학원이사들이 저지르고 그 귀책은 분원장에게 돌아가고 해결도 분원장이 감당해야 하는 현실이 슬프다.

종단을 믿지 못해 선학원으로 갔는데 선학원도 믿을 수 없다. 믿고 의지할 귀의처는 오직 부처님과 가르침이다. 상황과 조건이 아니라 부처님만 바라보았으면 이런 안타까운 현실은 맞이하지 않았을 것이다. 지금이라도 늦지 않았다. 종단도 선학원도 우리 모두 모든 사찰은 부처님 재산이라는 정법(正法)의 길만 생각하기를 간절히 바란다.

의견 차이와 뒷담화

2015년 제11대 전국비구니회가 출범하면서 전국에 17개 지회가 구성됐다. 지회는 중앙집행부가 할 수 없는 세심한 부분을 지역 특성을 잘 아는 지회장이 그 역할을 수행해야 한다는 의미를 품고 있다.

충남 지회장 소임을 맡았다. 시작하기 전에는 내가 적임자인가, 무엇을 할 것인가 등 여러 고민을 하고 타당성도 따졌지만 결정을 내린 뒤에는 '책임을 맡은 이상 즐겁고 기쁘게 최선을 다하자'는 평소 주관에 따라 발 빠르게 움직였다.

충남비구니회는 수년 간 존속했다. 하지만 무엇을 어떻게 활동했는지 알 수 있는 어떤 자료도 없다. 속된 말로 '맨 땅에 머리박기'요, 허허벌판에 씨 뿌리기처럼 막막했다. 어떤 일부터 시작할까? 무엇을 할까? 생각이 뒤죽박죽 앞뒤 없이 밀려들었다. 어떤 도반스님은 다들 하는 것처럼 적당히 하라고 조언하기도 했다. 시간 가는대로 맡겨 둬도 나무랄 사람 없다는 현실은 나도 잘 안다. 하지만 성격상 도저히 그럴 수 없다. 적당히 시간만 보낼 심산이면 아예 맡지 않았다. 제11대 충남지회장으로 후배들에게 부끄럽지 않는 매뉴얼은 만든 뒤 떠나고 싶었다.

고민 끝에 내린 결론은 아주 단순했다. 시간 나는 대로 한 분 한 분 찾아뵙는 일이다. 비구니 역할을 알리고 설득 아닌 사정으로 열심히 발품을 팔아 밑거름을 만들어가는 길밖에 없다는 생각에 바삐 움직였다. 모두가 나의 이런 움직임을 환영한 것은 아니다. 전화 자체를 거절하기도 하고 겨우 통화가 되어 찾아가면 '종단에서 해준 것이 무엇이냐' '비구니회에서 해준 것이 무엇이냐'며 따지는 분이 있는가 하면, 후원은 하되 입회 원서에 이름을 올리는 것은 거부하는 분도 있었다. 각자 알아서 살면 되지 굳이 이런 것이 왜 필요하냐며 예민한 반응을 보이기도 하고 마치 내가 무엇을 구걸하러 온 것처럼 대하기도 했다. 물론 열심히 하라고 격려하고 다른 사찰을 소개해 주시면서 여비까지 챙겨 주시는, 정반대의 반응을 보이는 스님도 많았다.

그러나 생각하는 견해가 다르기 때문에 어떤 것이 옳고 그르다고 단정 짓지는 않았다. 그저 생각의 차이 뿐이다. 한 분 한 분이 내게는 큰 스승이다. 공부가 어디 멀리 있겠는가. 『화엄경』「입법계품」에 선재동자가 깨달음을 얻기 위해 53명의 선지식을 찾아다닌다. 마지막으로 보현보살을 만나서 십대원(十大願)을 듣고 그 공덕으로 아미타불의 국토에 왕생하여 입법계(入法界)의 큰 뜻을 이루었다는 내용처럼 내게 이런 소임이 주어지지 않았다면 어떻게 충남 사찰의 부처님과 스님들을 뵐 수 있었겠는가? 부처님께서 또 다른 방편 수행으로 나를 일깨워 주시는구나 하고 겸허히 받아들였다. 무엇보다 충남지회 소임을 수행하면서 나를 되돌아 보는 큰 복을 누렸다. 들어가는 절 초입부터 처소인 방에 이르기까지 만나는 각양각색의 스님들은 내 고집에 빠져 있는 나 자신을 무수히 흔들어 일깨우는 치유사였다.

어떤 일이든 추진자와 동의자, 반대자, 방관자가 있다. 특히 일을 성사시키려 하는 자에게는 반드시 이 세 종류의 서로 다른 입장과 만난다. 일을 추진하는 입장에서 이들은 모두 고마운 사람이다. 문제는 논의 과정이 아닌 밖에서, 이른바 뒤담화다. 일을 하다 보면 가장 곤혹스럽고 일 추진을 방해하는 최대의 난관이다. 그런데 이런 부류가 너무 많다. 면전에서 대놓고 반대하거나 방관하는 분들은 설득하거나 차이를 인정하고 받아들이면 된다. 나의 고집과 자만을 버리고 상대방 처지가 되어 생각의 차이쯤은 충분히 좁혀 갈 수 있다. 의견을 드러내고 서로 토의하는 공론이 많이 벌어져 음습한 뒷담화가 설 자리를 잃어버리기를 간절히 바란다.

비구니 군승

2019년 3월 제214회 중앙종회 임시회에서 비구니 군승파견 및 관리에 관해 종책 질의를 했었다. 질의 내용은 현재 복무 중인 비구니 군승의 군별 현황, 군 내 평가, 비구니 군승 홍보와 선발 방식, 절차, 향후 종단 계획 등이었다.

군종특별교구가 제출한 답변서에 따르면 여성 군종장교 정원은 개신교 8명 불교 6명이었다. 비구니 군승은 2014년 1명을 파송하면서 처음 시작되었고 당시 육군 2명, 해군 1명, 공군 1명이 복무를 하고 있었다. 평가는 매우 긍정적이었다. 성실하며 장병들을 세심하게 잘 살펴 인기가 매우 높다고 한다. 비구니 군승 선발은 국방부 군종장교 충원 계획 인원에 따라 매년 비구 군승과 함께 선발한다. 자격은 34세 미만으로 선발하되 당해 출가하거나 임관 전 사미니 수계 1년을 넘어야 한다. 비구니 군승은 그러나 지원자가 거의 없어 능력 있는 스님을 충분히 선발하지 못한다. 그 자리를 민간인 성직자 자격으로 2명의 비구니 스님이 대신하고 있다.

6천여 명의 비구니를 대표한 4명의 비구니 군승이 활약하는 현장을 직접 체험하는 기회도 가졌다. 2018년 7월 전국비구니회가 주최한 논산 연무대 수계식에서 비구니 군승의 활약상을 보았다. 훈련소에 갓 입소한 20대 혈기 넘치는 청년 4천여 명을 일사분란하게 통솔하는 비구니 군승은 충격과 감동 그 자체였다. 4,000여 명 가까운 훈련병을 통솔하고 지휘하는 비구니 스님의 존재는 몇 년 전만 해도 상상조차 할 수 없었다. 그러나 지금은 4명의 비구니 스님이 육·해·공군 전 군에서 맹활약 중이다. 군과 비구니, 전혀 어울릴 것 같지 않은 조합이 이제는 당연한 현실로 누구나 받아들인다. 선구자 격인 비구니 군승들이 얼마나 열심히 노력하고 고심했을지 짐작이 간다. 수계식에 참석한 비구니회 관계자들은 짧은 시간이지만 환희와 감동을 느끼기에 충분했다. 비구니회 각 지회가 십시일반으로 모은 보시금을 전달하면서 보람도 느꼈다. 군승출신 한 비구 스님이 비구니 군승 필요성을 느껴 종단과 비구니 어른 스님들을 설득했다는 이야기를 들은 적이 있다. 보수 성향이 짙은 비구니 어른 스님들 설득이 특히 힘들었다고 한다. 어른 스님들은 군복 입은 상좌를 받아들일 수 없었을 것이다. 종헌이 개정되기 전에는 비구들도 군승은 곧 환속으로 받아들여졌으니 군에 상좌를 보내는 것을 속가로 보내는 것으로 생각하는 스님들이 대부분이었다. 그러나 그 어려운 상황에서도 이해하고 당신 상좌를 보낸 어른 스님이 있었다. 그

분들의 현명한 판단과 지혜로운 결정 덕분에 새로운 포교의 장이 열렸다. 부처님께서 인도 사회와 바라문들의 반대에도 불구하고 여성을 출가자로 받아들인 것과 비견되는 역사적 결정이라 할 만하다.

연무대 법당을 가득 채운 훈련병 중에는 비불자도 많다. 종교가 무엇이고 법당에 나온 이유가 무엇이든 그들은 연비를 통해 수계하고 불교와 인연을 맺었다. 이제 스무 살을 갓 넘긴 청년에게 그 경험은 평생을 함께할 것이다. 연무대 법당을 비롯하여 각 군 교육대 법당과 군 법당에 나오는 20대 청년은 매주 수만 명에 이른다. 대한민국 사찰 어디를 가든 청년불자 보기 어려운 현실을 생각하면 군 법당이 얼마나 소중한지 이 하나의 통계가 모든 것을 말해준다. 그래서 기독교는 해방 직후부터 군 선교에 매달렸고 인구의 1%도 안 되던 종교가 우리를 앞지를 정도로 커졌다. 선교에 무관심하던 천주교마저 군 선교만은 사활을 걸고 매달리니 군은 각 종교간 전쟁터와 다름없다는 소리가 나올 만하다.

그 최일선에 네 명의 비구니 군승과 두 분의 민간인 성직자가 고군분투 중이다. 그 후방에는 전국비구니회를 중심으로 전국의 수많은 비구니 스님들이 있다. 비구니 군승이 더 많이 나와 군포교가 한층 더 활발해지기를 염원한다. 그러자면 홍보를 더 열심히 해야 한다. 전국비구니회와 어른 스님들 그리고 종단의 지지도 더 많아져야 한다.

당신의 말할 자유

지난 3월 11일~12일 양일간 제11대 전국비구니회 운영위원회는 "전국비구니회의 현재와 미래"라는 주제를 가지고 경주 황룡원에서 워크숍을 개최했다. 김봉석 변호사가 발제한 '종법상 비구니의 지위와 역할' 김중태 IT문화원장의 'SNS와 인스타로 소통하기'에 관한 유익한 강의도 들었다.

그날 토론은 사전에 토론자와 주제를 정하지 않고 즉석에서 번호표를 뽑아 난상토론(爛商討論)으로 진행됐다. 사전에 기획하지 않다 보니 토론은 자유로운 분위기에서 평소 생각을 가감 없이 드러내며 물 흐르듯 자연스럽게 흘렀다. 그렇게 해서 나온 내용은 종합 토론을 통해 다시 거르고 정제하여 우리 종단과 비구니회에 꼭 필요한 의제만 간추렸다. 토론 결과 정리된 주제는 전국비구니회의 운영체제 개선 방안, 비구니 노스님들의 노후복지, 출가자 감소에 따른 불교 내 비구니회 역할, 수익모델 개발, 재정 확보 방안 등이었다. 모두 종단과 한국불교를 위해 꼭 필요하면

용서는 나의 수행, 칭찬은 나의 기도

서도 함께 고민할 주제였다. 각 팀마다 주제와 내용이 다양해 문제 제시에 머물지 않고 해결 방안까지 나왔다. 참석한 모든 스님들이 평소에 느낀 것들을 풀어내고 함께 공유하는 유익하고 생산적인 시간이었다.

돌이켜 보면 우리는 대화나 토론에 서툴다. 의견이 다른 사람을 배척하거나 토론을 통해 자신이 틀렸다는 것을 알면서도 인정하지 않으려는 경향이 있다. 나이가 많다는 이유로 아랫사람의 의견을 듣지 않고 묵살하려 들거나 어른에게 대드는 식으로 받아들이기도 한다. 모두 잘못된 토론 태도다. 어른이나 선배의 자유롭고 공정하지 못한 토론 태도는 자칫 침묵이나 거짓된 말을 강요하는 부작용을 낳을 수 있다. 부작용은 거기서 그치지 않고 뒷말을 낳게 하여 전체가 손해를 입는 결과로 이어진다. 소신껏 말하지 못하고 주변 눈치를 보거나, 문제의 핵심을 정확하게 잡지 못하고 장광설을 늘어놓는가 하면 중심을 못 잡고 부화뇌동 우왕좌왕하는 대중이 있다면 그 조직의 토론 문화를 점검할 필요가 있다.

어느 날 한 후배 스님이 내게 이런 말을 했다. "선배님은 경상도 억양에 말할 때 끊고 맺는 부분이 강하기 때문에 상대로 하여금 거부감을 줄 수 있습니다. 그리고 본인 생각을 너무 강조하다 보니 상대의 이야기를 끝까지 듣지 않고 중간에 말을 끊어 버립니다."라고 했다. 뒤돌아보았다. 좋게 말하면 카리스마가 있다고 하겠지만 나쁘게 말하면 후배 스님의 조언처럼 성급하고 품위

용서는 나의 수행, 칭찬은 나의 기도

없는 말투로 내 뜻을 끝까지 관철하기 위해 듣기보다 결과를 가지고 대화를 하는 것이 아닌가 하는 생각이 문득 들었다. 오랫동안 리더로 지시하던 습관과 명령조 어투가 몸에 젖어 있었던 것 같다.

토론은 누구를 이기기 위해, 혹은 남을 가르치기 위해 하는 것이 아니다. 토론은 특정한 논제에 대하여 찬성과 반대로 나뉘어 대립하는 각자가, 서로의 주장하는 바를 설득력 있는 논거를 들어 나의 정당함을 내세우고 상대방의 주장과 논거를 반박하고 증명해 가는 화법이다. 그 과정은 자신이 아는 만큼 내려놓고 상대방이 어떻게 반응하는지 겸허하게 받아들이는 배려와 존중의 시간이 되어야 한다. 그런 점에서 주장의 정당성을 관철하는 데만 집중하고 상대방의 이야기를 귀 기울여 듣고 존중하는 자세를 놓친 나는 토론의 기본을 어긴 셈이다.

17세기 프랑스 사상가인 볼테르가 남긴 "나는 당신의 의견에 동의하지 않습니다. 그러나 만일 당신이 그 의견 때문에 박해를 받는다면 당신의 말할 자유를 위해 끝까지 싸우겠습니다."라는 유명한 말처럼 멋진 토론 문화 정착을 위해 나부터 바꾸어 가야겠다.

선거 축제1

선거는 상대성이다. 누군가 져야 내가 이긴다는 법칙이며 공식이다. 그런데 선거에 축제라는 말은 합당하지 않다. 승리한 단 한 사람과 그 지지자만이 기쁜데 어떻게 축제라고 할 수 있겠는가? 그런데 선거 축제가 실제로 열렸다.

2018년 9월 11일 전국 비구니회는 제17대 비구니 종회 직능직으로 추천할 후보를 선출했다. 한국 비구니계 역사상 가장 많은 후보가 지원했다. 경선도 처음이었다. 모두 놀랐다. 많은 후보에 놀라고 열띤 경쟁에 놀라고 차분하고 질서 있는 경선에 놀랐다. 민주·공개·투명 선거 3원칙을 모두 갖춘 부처님 법에 따라 여법(如法)하게 진행된 후보 선출에 놀라고 감격했다.

종단 법을 따르고 비구니회 회칙을 준수하여 조계종도 비구니면 누구나 출마 자격이 주어졌다. 각 분과마다 지지하는 후보를 선택할 수 있는 가장 민주적 방식이었다는 평가가 지배했다. 약속하거나 미리 짠 것도 아닌데 연령대도 다양한 것이 신기했다.

용서는 나의 수행, 칭찬은 나의 기도

서로 응원하고 격려하는 지지자의 모습도 아름다웠다. 정견 발표 시간이 짧았지만 그동안 살아 온 수행 이력을 전달하는 데 부족함이 없었다. 진심이 전해져 감동을 주고 설득하는 데 긴 시간이 필요치 않았다. 그래서 그날 선거는 누구를 뽑고 떨어트리는 잔인한 선택의 시간이 아니라 서로 다른 공간에서 살아왔지만 함께 공감하고 유대하는 대동의 한마당이었다. 종단 선거에서 늘 지적돼 오던 금권이니 네거티브니 하는 허물도 하나 없었다. 그래서 나는 선거축제가 실제 열렸었노라고 단언하는 것이다.

부끄럽게도 스님들 선거에서 세속에서도 엄단하는 잘못된 문화가 많이 나타났었다. 그중 가장 큰 폐해는 인신공격, 근거 없는 소문 생산, 멀쩡한 사람 흔들기 등이었다. 모범을 보여야 하는 승가가 정치권에서나 보던 못된 문화를 되풀이하는 데 대해 불자들은 물론 국민들까지 손가락질 했던 적이 있다. 그 폐단을 없애기 위해 모두 노력한 덕분에 이번 총무원장 선거도 어느 때 볼 수 없었던 깨끗하고 조용한 선거, 금품·추문이 없는 선거로 진행됐다. 이처럼 승가다운 문화가 정착된 데는 대중 스님들의 도움이 컸다.

이제는 선거 때 난무하는 각종 이야기들에 귀 기울이지 않는다. 후보자를 비교할 수 있는 눈과 공약의 진정성, 실천 가능성, 필요성 등을 판단할 능력을 가지고 있기 때문이다. 누구의 강요나 추천이 아니라 스스로의 판단과 결정에 따른다. 그래서 스님들의 선택을 받으려면 남을 공격하고 단점을 드러내기보다는 자신이 왜 종회의원이 되려 하며 무엇을 할 것인지 자신이 어떤 인물인지를 진정성 있게 드러내야 한다.

그러나 아직은 갈 길이 멀어 보인다. 관행이 발목을 잡는다. 관행은 편하다. 늘 하던 대로 하면 된다. 잘못된 줄 알면서도 반복하는 이유다. 편하다고 익숙하다고 바꾸지 않으면 결국은 전체가 무너질 것이다. 개인이 받을 불이익 때문에 방임하는 자세도 좋지 않다. 다행히 대중들은 관행에 얽매이지 않고 새로운 인물을 뽑는 데 주저하지 않았다.

이번 추천 선거에 한 가지 아쉬운 점이 있다. 전국 비구니회는 17개 지회를 운영하고 있다. 선학원 소속 스님들도 함께한다. 종단은 선학원 소속 스님들에게 가등록을 하라고 늘 권유한다. 가등록을 했는데도 선거권을 부여하지 않았다. 대책도 세우지 않았다. 그날도 그랬다. "내게 소임을 주지 말든지 이게 무슨 꼴인가." 바깥에서 서성이는 선학원 소속 도반 스님의 넋두리가 귀에 쟁쟁하다. 함께 일 하자고 소임을 맡겨 놓고 정말 중요한 권리 행사 때 배제하는 이 과제를 종단은 꼭 풀어야 할 것이다.

선거 축제2

제12대 전국비구니회 회장에 당선된 본
각스님이 지난 13일 취임식을 갖고 새로운 시대를 열었다. 새 회
장스님께서 그간 보여주신 지혜와 원력을 비구니 스님들은 물론
종단과 한국불교를 위해 아낌없이 매진해 주십사 하는 당부를
드린다. 축하 인사를 먼저 건네는 것이 예의인 줄 알지만 우리 종
단 앞에 놓인 과제가 한둘이 아니고 '한국불교 위기론'이 더 이상
새삼스럽지 않을 정도로 어려운 지경이어서 당부의 말씀부터 드
렸다.

전국비구니회의 새 출발을 바라보면서 지난 선거에 관해 몇 가
지 평을 하려 한다. 이는 누구를 탓하거나 지난 일을 끄집어 내
분란을 일으키려는 것이 아니라 4년마다 선거가 치러지기 때문
에 두 번 다시 반복되지 않기를 바라는 충정에서다. 누군가는 정
리를 해야 오류를 되풀이 하지 않는다. 부처님께서도 '알고 짓는
죄보다 모르고 짓는 죄가 더 크다'고 하셨다. 왜냐하면 잘못인 것

을 늦게라도 알면 더 이상 업을 쌓지 않지만 모르면 계속 범하여 나중에는 돌이킬 수 없을 정도로 죄업을 짓기 때문이다. 승가가 자자·포살을 정기적으로 여는 것도 이 때문이다. 진리의 길을 함께 가는 도반으로서, 책임감을 느끼기에 지난 선거를 회고한다.

선거는 일정한 조직 또는 집단이 대표자나 임원을, 구성원 중 일정 자격을 갖춘 자가 정해진 방법에 따라 자유의사로 선출하는 행위다. 선거의 가장 큰 장점은 대중의 직접 참여다. 그런데 최대 장점이 최대 약점이기도 하다. 대중의 환심을 사기 위해 지키지 못할 공약 남발, 상대방 비방 등 온갖 나쁜 수단을 동원하기 때문이다.

이번 전국비구니회장 선거 과정에서도 선거의 좋은 점과 나쁜 점이 드러났다. 좋은 점은 세속의 정치수단인 선거라는 방식을 동원하지만 승가답게 즐거운 축제로 만들자는 대중들의 결의가 충만하고 이를 지켰다는 점이다. 대중들은 즐겁고 유쾌한 선거 축제를 기대하며 최대한 자중하고 조용하게 진행했다. 금품수수 같은 선거 잡음은 일체 없었다. 그래서 선거가 끝난 뒤 모두 "전례에 없던 선거였다"며 호평했다.

나쁜 점은 상대방 헐뜯기, 비방 같은 네거티브의 등장이다. 회장에 당선된 본각스님의 학력 문제, 지난 해 7월 '조계종을 걱정하는 비구니 일동' 명의의 성명 연대서명에 대한 공격이 그것이다. 이는 사실이 아닐 뿐만 아니라 그 내용도 납득하기 어렵다. 배우면 속퇴한다며 공부를 금기시하던 옛날에 은사 스님의 배려로 학교를 다녀 정상적으로 공부한 사람들보다 훨씬 더 노력하여 교수가 되어 평생 후학을 양성한 본각스님의 학력을 문제 삼았다. 본각스님의 학문 연구 열정과 노력을 승가는 물론 세상이 다 아는데 격려와 감사는 못할망정 중학교 졸업장이 없다며 자격을 운운했다. 당시에는 스님들의 그러한 모습에 크게 실망했지만 이제는 비방선거운동이 오히려 좋은 결과를 낳지 않았다는 사례를 보여준 셈이어서 고맙다는 생각도 들었다. 호법부 제소는 최악의 선거운동이었다. 수천 명의 비구니 스님들이 직접 뽑는 대표자를 종단 호법부 판단에 맡겨서 그 후과를 어떻게 감당하려 한 건지, 육문스님은 평생 올곧은 수좌로 만인의 존경을 받는 선지식이다. 호법부 제소와 같은 무리수가 스님의 재임을 가로막은 결정적 이유는 아니었나 싶다.

미국인들이 가장 존경한다는 링컨 대통령은 "투표는 탄환보다 강하다"고 했다. 유권자의 현명한 한 표 한 표가 참으로 소중하다는 뜻이다. 나의 소중한 한 표가 네거티브가 없는 종책으로 당당히 치러지는 선거문화로 정착되었으면 한다.

신호등이 없는 수도

처음 길을 나서면 약간의 두려움과 설렘이 교차한다. 그 길을 함께하는 이가 많다면, 더군다나 같은 길을 가는 도반이고, 많은 지식과 경험을 갖춘 안내자가 동반한다면 그야말로 최고의 길이다. 조계종 교육원 해외 성지순례가 그렇다.

조계종 교육원이 실시하는 해외 성지순례에 세 번째 참가했던 경험과 느낌이다. 갈 때마다 느끼는 것이지만 성지를 답사하고 프로그램을 만들어 순례자 모두가 공감하도록 만들기까지 애쓴 진행자들에게 감탄하고 고마워한다. 그냥 집을 나선 여행이 아닌 재발심의 동기를 부여하는 그런 프로그램이었다. 그래서 매번 나는 이 프로그램에 참가하기 위해 일정을 조정하고 비용을 마련한다.

그 순례길은 117명이 함께했다. 가는 곳마다 축원과 칠정례로 하루를 시작하고 마무리하는 일정은 늘 거룩했다. 교육원에서

용서는 나의 수행, 칭찬은 나의 기도

왕이 자기 살림살이만 챙기거나 행세하려 했다면 복종은
있어도 존중은 없었을 것이다. 부탄 국왕은 국민 행복을
위해 권력을 내려놓고 국민들의 삶을 먼저 챙겼다.

진행하는 프로그램이기 때문에 가능한 모습이다. 승가도 많이 변화 중이다. 잘못 생각하면 전통의 고유한 멋을 벗어 버리고 새로운 것으로 포장하는 것이 변화가 아닌가 하고 생각할 수도 있겠지만 변화는 옛것과 새것의 조화와 공존이다. 순례 길에서 우리나라, 우리 승가에서 이루어내지 못하는 네 가지 문화와 사상을 발견했었다.

첫째, 전통과 현대가 공존하는 나라다. 그해 찾아간 부탄은 이나라만이 간직한 전통양식 지붕과 창문으로 덮인 도시가 감동으로 다가왔다. 거리의 남녀들은 모두 고유의상인 고(Gho)와 키라(Kira)를 멋스럽게 차려 입었다. 의식복이 아니라 일상복이었다. 관공서와 학생 교복은 고와 키라로 통일됐다. 우리 학교처럼 학교마다 다른 교복이 아니라 그들의 전통복이 교복이었다. 청바지 티셔츠 차림은 찾을 수 없었다.

둘째는 어느 나라에서도 찾아 볼 수 없는 종(Dzong)이다. 종은 종교와 행정의 기능을 동시에 수행하는 부탄만이 가지고 독특한 기관이다. 그렇다고 사원이 없는 것은 아니다. 사원은 사원대로 존재하여 신앙의 귀의처로 남아 있다.

셋째는 신호등이 없는 나라다. 내가 사는 이 시골마을에서 10분 거리의 시내로 나갈 때도 6개의 신호등을 거친다. 한 나라의 수도, 인구 12만 명, 차량 약 3만대가 있는 곳에 신호등이 없어 놀라웠다. 상상할 수 없는 일이 이 도시에는 가능했다. 가끔 만나는 번화한 거리에 신호등을 대신해서 차와 사람에게 수신호를 보내는 교통경찰의 손놀림도 바빠 보이지 않았다.

넷째는 국왕의 사진이다. 집집마다 사람들 가슴마다 국왕 사진을 달고 다니는 모습이 이색적이었다. 대통령(왕) 사진을 공공건물에 상징적으로 걸어 놓는 우리나라와 달리 국민 스스로 국왕을 사랑하여 일상에서 함께하는 모습에 놀랐다. 국왕이 국민을 하찮게 여기고 군림하려 했다면 사랑받지 못했을 것이다. 그뿐이겠는가. 왕이 자기 살림살이만 챙기거나 행세하려 했다면 복종은 있어도 존중은 없었을 것이다. 부탄 국왕은 국민 행복을 위해 권력을 내려놓고 국민들의 삶을 먼저 챙겼다.

전통을 사랑하고 보존하며 국왕과 백성의 구분은 있어도 결코 차별하지 않기에 경제적으로 윤택하지 않아도 세계에서 가장 행복한 나라로 부러움을 사는 것이다. 첫눈 내리는 날, 임시 공휴일로 정하는 여유와 낭만을 누리는 불교국가 부탄이 정말 부럽다.

신라승, 무상선사를 만나다

순례길에 만난 모든 부처님,
여기 61명의 사부대중은 머리 숙여 발원합니다.
가는 곳마다 머무는 곳마다 당신의 심장박동소리는 쉼 없이
뛰고 있으며 그 박동소리는 이 땅에서 또 다른 화장세계를
만들고 있습니다.
화장세계에서 피어난 모든 부처님들은 홀씨되어
중생이 원하고 머무는 곳마다 당신의 힘을 응집합니다.
저희 순례자 모두는 짧은 여정 속에 많은 것을 얻어 갑니다.
순례길에서 얻은 씨앗들은 고향으로 품고 가서
개개인의 처소에서 수행과 정진, 신심, 회향으로 승화시킬
것을 발원합니다.

이 글은 교육원에서 주최한 동티벳 순례길에서 지었던 발원문

용서는 나의 수행, 칭찬은 나의 기도

이다. 야칭스 빠드마삼바바 불상 앞에서 대중을 대표하여 낭독
했다. 순례길에서 대중들은 오명불학원과 야칭스에서 보았던 티
베트 스님들의 수행에 감동했지만 나는 오명불학원, 야칭스보다
마지막 날 성도 한복판에 있는 대자사에서 있었던 위령제에 더
큰 감동을 받았다.

　일정표에도 없는 프로그램이라 좀 의아했지만 일행을 인솔한
당시 교육국장 진광스님의 설명에 나도 모르게 구법순례승에 대
한 경이로움이 일어났다. 그분들이 있어 한국불교가 존재하게 되
었고 그 힘으로 이곳 동티벳까지 와서 위령제를 지내는 인연으로
이어진 것이다. 다시 한 번 회색승복의 무게감을 느끼게 하는 기
회였다.

　초기 선종사 법계도는 달마-혜가-승찬-도신-홍인으로 내려
와 홍인이 신수-혜능-지선의 제자를 두고 육조혜능이 남악-
마조로 이어지는 계보로 이어진다. 이 법계도가 보림전 위서(僞
書) 이래 북송(北宋) 이후의 기록에 토대를 둔 것이라면, 지선-처
적-무상의 계보는 사증당비(四證堂碑) 등 당대(唐代) 기록에 토대
를 둔 계보로 사천성 탐사팀이 새로 확인한 것이다. 또한 신라승
무상은 티베트 불교 도입에 결정적 역할을 담당하였다. 티베트의
고사서(바세)에 의하면 티베트의 치데쿠첸왕이 중국으로부터 불
법을 받아들이려고 산시 등 네 명의 사신을 파견하였다. 당 황제
로부터 많은 경전을 받아 귀국하던 이들이 익주에서 무상을 만
났고 무상은 그들에게 왕의 죽음, 본(Bon)계통 대신들에 의한 파

불을 알려주고 새 왕이 장차 불교를 도입하게 될 것 등을 예언하였고 산시가 무상의 말을 따름으로써 뒤에 불교가 정식으로 도입되었다. 무상이 성도에 자리 잡은 뒤로 정중종이 형성되었다.

정중종은 이 땅 선종을 일컫는 구산선문을 형성한 원류인 마조의 법맥이라 할 수 있다. 이러한 법맥은 보림전(寶林傳)의 음험한 날조에 의해 9세기부터 역사를 말살 당하고, 서천(西天) 27조 반야다라의 게참(偈讖)이 만들어졌으며, 남악이라는 새로운 인물 혜능이 떠오르고 무상의 제자인 마조가 남악을 잇는 계보로 등장한다. 이 내용들은『촉도장정』,『사천강단』이라는 책에서 밝히고 있다. 한국불교는 이 조작, 왜곡된 법맥을 추종하는 엉뚱한 조상을 섬기고 있다는 것이다. 나도 이번 순례길에서 새로운 사실을 알게 되었다.

길을 떠남에 낯선 곳에 대한 설렘은 또 하나의 행복이다. 그 행복은 자신이 만드는 것이다. 어떤 것을 바라보고 사유하느냐에 따라 행복의 무게감은 다르다. 동티벳 순례길에서 쓴 이 발원문은 무상선사를 만날 수 있는 전 전생의 인연의 끈이라고 믿는다.

용서는 나의 수행, 칭찬은 나의 기도

연수교육

연초가 되면 연수교육안내 책자가 온다. 그 책자는 내게는 선물이 된다. 올해는 이러한 교양필수 과목으로 수행자들을 다듬어 가는구나 하는 간접적인 종단교육시스템을 읽어 내려 갈 수 있기 때문이다.

법계별 연수대상 외 조계종 스님이면 누구나 다 가능하다는 친절한 문구도 좋다. 책자를 받을 때마다 어릴 적 접해 보지 못한 프로그램에 마음을 열어보지만 공식적으로 참가한 적은 없었다. 참가해서 혹 후배들에게 불편을 줄까 봐 용기를 내지 못한 것이다.

그런데 터키·그리스 문화탐방은 놓치고 싶지 않아 교육원에 전화를 했다. 연수대상도 아닌데 동참해도 되느냐는 물음에 대환영한다는 말에 용기를 얻었다.

인천을 출발해서 아테네-메테오라-차나칼레-트로이-에포스-파묵칼레-안탈랴-카파도키아-이스탄불을 탐방하면서 내

아무리 아름다운 자연경관을 가지고 있고 예술적인 가치
가 높은 수작들을 보물로 가지고 있다 할지라도 머물며 은
둔하는 수사에게서 정신적으로 얻을 것이 없다면 그저 자
연이 만들어낸 메테오라는 관광지일 뿐이다.

용서는 나의 수행, 칭찬은 나의 기도

머릿속에서 사라지지 않는 것이 하나 있다. 메테오라(매달린 바위)에서 만난 정교회 한 수사의 모습이다. 문화기행 3일차, 우리 일행을 맞이한 주인은 85세 세라핌 수사였다. 세라핌 수사는 40여 년간 아토스산 수도원에서 생활하다가 수도원으로 온 지가 1년 가량 되었다고 했다. 지도법사 설정 큰스님께서 "산에서 수행하는 것은 우리와 비슷한데 수사는 무엇을 위해 이곳에서 은둔생활을 하고 있습니까?" 하고 묻자 수사는 "그리스도의 삶에 감사하는 마음으로 자신의 삶을 바치는 것"이라고 말했다.

40년 동안 '바치는 것'이 주목적이 되어 버린 절대 신앙심 앞에 모습은 다르지만 수행이라는 큰 틀에서 뭔가 공통점을 찾고자 했던 나의 설렘은 바위 끝에 매달려 있는 집에 불과했다. 오래 은둔한 생활 때문인지 이웃종교에 대한 이해보다 본인이 믿는 신에 대한 강한 의지를 드러냈다. 또한 처음 만나는 한국스님(불교)에 대한 선입견인지 모르지만 우리 일행이 마련해 간 선물마저 거절했다. 사람과 사람이 만나는 것은 교감을 이루기 위함인데 병속에 갇힌 노수사는 나오지를 못했다.

문화 기행 중에 그리스교 수사를 만나는 것도 이웃종교에 대한 뭔가 공통점을 얻고자 함인데 '바친다'는 유일신의 아집과 편견을 바라보면서 종교 간 평화는 내가 사는 이 세상에서 이루어질 수 있을까 하는 생각이 들었다. 아무리 아름다운 자연경관을 가지고 있고 예술적인 가치가 높은 수작들을 보물로 가지고 있다 할지라도 머물며 은둔하는 수사에게서 정신적으로 얻을 것이 없다면 그저 자연이 만들어낸 메테오라는 관광지일 뿐이다.

부처님께서는 대기설법을 하셨다. 찾아오는 사람 사람들 근기에 맞추어 멘토가 되어 주셨다. 불교가 주는 매력이다. 부처님을 위해 삶을 바치라고 수행자에게 강요하지 않는 이유 중 하나다. 터키, 그리스 문화기행에서 만난 정교회 수사를 보면서 절 집안에서도 부처님 말씀을 실천하지 않고 은둔만 하는 수행자가 있다면, 편견과 아집에 사로 잡혀 있는 그 수사와 무엇이 다르겠는가 하는 생각에 한 번 더 나를 살펴보는 연수였다.

교육은 대장간과 같다. 도구도 오래 사용하다 보면 새로 고쳐 사용해야 할 때가 있듯이, 연수교육도 마찬가지가 아닌가 싶다. 비록 연수대상이 아니라도 한번쯤 새로운 프로그램에 도전해 보면 자신이 얼마나 은둔하고 있는지 발견하게 될 것이다.

뒷마당 ● 마음 나누기

※이 글들은 그동안 펴낸 시집, 산문집을 읽고 함께하는
청소년 지도사들이 보낸 글들임

21세기의 리더

• 강진아(상담복지센터 소장)

스무살 촌스럽고 멋모르고 제멋대로이던 시절 정운스님과 인연이 되어 선물로 받아든 스님의 책들.

제가 많은 책들을 읽는다고 자부하지만 정말 '시집'은 읽을 때마다 어렵고, 한편으로는 아름다운 '언어유희'를 느껴볼 수 있는 것이 시가 아닌가 싶습니다.

그런 제가 정운스님의 3번째 시집인 『또 다른 이름 되어』에서 느낀 정운스님의 이야기를 꺼내어 보고자 합니다.

16년이나 옆에서 뵈어온 분이지만 가장 가까이 있으면서도 먼 분이 스님이 아닐까 합니다.

흔히 사람들이 이야기하는 스님은 차갑고, 무섭고, 매몰차고, 급하다 합니다.

하지만 시집을 한 권 읽다 보면 가슴을 치고 오르는 무언가 그것은 우리와 같이 느끼고 호흡하는 스님이시라는 것을 느낄 수 있는 것 같습니다.

비단, 시집뿐 아니라 가까이서 지내다 보면 얼마나 정이 많으신지 눈물 날 만큼 많으십니다. 어려운 불교 용어도 아닌 우리 말가락을 진솔하게 담아내신, 나름 그렇게 느낀 시 하나를 소개할까 합니다.

곶감

죽은 할미의
손끝이
가을을 골라
처마 밑을
하나하나 수놓는다

겨울밤
우는 아이 간식으로
호랑이도
무섭다는
전설이
한 줄씩 두 줄씩
처마 밑
햇빛 속에 타오를 때

내 할미는
저승에서도 가을이 오면
맛든 감 깎아
가을을 수놓을까

조상 차례상에 오르기 전
내 입으로 먼저 들어가는 줄 알면서도
혼쭐은커녕
내 손이 잘 가는 곳에
늘 있는 할미의 손맛이
혼자서 가는
내 가슴을 오늘 이토록 울먹이게 한다

햇빛 좋은 날
억새꽃 만나러
오서산 오르다 마주친
어느 허름한 산집에
주렁주렁 달린 곶감은
정녕 내 할미의 모습이더라

스님과의 여행길에서 남의 집 담 밖 홍시를 따먹은 기억이 있
다. 달콤한 홍시의 맛이 아닌 '향수'를 먹는 것이라고 하신 적, 그

리고 여름철 해수욕장에서 할아버지가 파시는 달고나를 사드시면서 "아이고 달다" 하시며 단데 왜 사 드시는지 물으면 '향수'로 먹는 것이라고 하시는 스님.

내 어렸을 적 시골 처마밑의 뽀얗게 가루가 묻어나기도 전에 따먹던 곶감의 추억. 그 추억을 우리 말가락으로 정겹게 풀어내신 시를 볼 때 얼마나 따스한 마음을 품고 계신 분인지…

그러신 분이기에 선방에서만 공부하는 스님이 아닌 청소년들과 숨쉬고, 때로는 예술가, 21세기의 리더로서의 길을 보여주시지 않는가 싶다.

오늘도 그렇고 내일도 그러하듯이 내 앞에 움틀거리는 이 팔만 사천 가지 연극이 끝날 때까지 숨 쉬어 주어야 할 또 다른 이름.

청소년학과 교수님, 글쟁이, 도예가, 다도 전문가, 관장님… 언제 또 다른 이름으로 우리 곁에 오실지 기대가 됩니다. 감사합니다.

사랑하는 마음을 행하는

• 강상훈(청소년 지도사)

제가 처음 스님을 뵈었던 것이 고등학교 때로 기억이 나는데 스님께 가르침을 받으면서 이 자리까지 오게 되었습니다. 어느덧 스님께서 처음 책을 펴내시고 나서 강산이 한 번 바뀌고 여러 번에 봄을 맞이하여 스님께서 8번째 책을 펴내시는 시간까지 오게 되었습니다. 진심으로 축하드립니다.

스님께서 첫 번째로 펴낸 책이 『가슴으로 사는 사람들』이라는 시집입니다.

그중에서 제가 읽고 느끼기에 가장 가슴에 와 닿은 시는 '기도·3', '기도·3'이라는 시는 사회초년생으로 청소년지원센터에서 일을 하고 있는 저에게 직장 생활이나 청소년들을 대할 때 마음속으로 나를 다스리는 기도로서 가슴에 와 닿았던 것 같습니다. 나를 바꾸려는 노력을 하면 주변이 바뀌고 과거는 바꿀 수 없지만 미래는 바꿀 수 있다고 합니다.

우리가 잘 알고 있는 원효대사께서 해골 물을 마시고 깨달음을 알았던 것처럼 "모든 게 마음에 달려 있다."

心生則種種法生(심생즉종종법생)
心滅則髑髏不二(심멸즉촉루불이)
三界唯心萬法唯識(삼계유심만법유식)
心外無法胡用別求(심외무법호용별구)

마음이 일어나면 갖가지 법이 생겨나고,
마음이 사라지면 해골의 물과 깨끗한 물이 둘이 아닌 법
삼계가 오직 마음이요 만법이 오직 인식임을
마음 밖에 따로 법이 없으니 어찌 따로 진리를 구하리요.

우리가 평소에 마음에 따라 다르다는 것을 잘 알고 있지만 실천하지 못하는 경우가 많습니다. 저 또한 그렇습니다. 하지만 평소에 시 한 편 정도 외우면서 사람들이 세상을 살아갈 때 한번씩 기도하는 마음으로 살아간다면 좋지 않을까 생각하면서 기도하는 마음으로 시를 읽어보겠습니다.

기도·3

나쁘게 꾸짖는 말에
기쁘게 참아 받아서

용서는 나의 수행, 칭찬은 나의 기도

감로를 마시는 것과
같게 하소서

짐짓
참기 어려운 것
베풀기 어려운 것
짓기 어려운 것
참게 하소서

응당히 교만심과
진심과
어리석음을 버리고
마음에 기쁨을
얻게 하소서

스스로 사랑하는
마음을 행하고

스스로
사랑하는 마음을 칭찬하며
스스로 은혜를 베풀고
다시 그 은혜를 칭찬할 줄
아는 생활인이게 하소서

인연의 소중함을 느끼며

• 안이향(상담복지센터 팀장)

1999년 스님께서 쓰신 두 번째 수필집 『아직도 그곳엔 희망이 있더라』를 소개하고자 합니다.

제목에서도 느껴지겠지만 긍정으로 바라보시는 스님의 성격과 많이 닮아 있는 책입니다.

세상을 살아가면서 우리는 많은 인연을 만나고 또 떠나보내기도 합니다.

오늘 이 자리 스님의 출판기념회를 축하하러 오신 것도 인연의 하나이겠지요.

만물이 각양각색의 모양과 색상 그리고 향기가 있듯이 모든 인연도 그러하리라 생각합니다.

스님의 책 『아직도 그곳엔 희망이 있더라』는 이런 인연의 장으로 시작합니다.

여러 인연들이 얽혀 있는 사연들을 읽다 보면 나 스스로 나는 어떤 인연 가운데 있는가 생각하게끔 합니다.

용서는 나의 수행, 칭찬은 나의 기도

여러 글들을 보며 이런 생각이 깊어갈 즈음 스님의 글 '일심정례'를 만나게 됩니다.

인연 가운데 있는 가끔은 나 스스로의 자아를 잃어버리고 있는 내 마음을 다잡고 추수를 수 있는 주옥같은 글들이 두 번째 장인 '마음의 장'을 마주하게 됩니다.

바쁘게 살아가는 두 아이의 엄마, 직장 생활을 하는 저로서는 시간이 없다는 핑계로 많은 책을 읽지는 못합니다. 스님의 책은 너무 길지 않고 하나하나의 글이 많은 것을 느끼게 하였습니다.

마지막으로 스님의 책을 읽고 난 제 느낌을 표현하고자 합니다.

솔잎과 설탕물이 어우러져 한잔의 멋진 송차로 태어나듯이 인연과 그 인연으로 생겨난 마음들, 그리고 정토 바라기하는 염원이 잘 어우러진 새로운 내가 되는 느낌이 들었습니다.

좋은 책 읽을 수 있는 인연 감사합니다.

그리고 스님을 만나게 된 인연 또한 감사합니다.

법의 음식을 함께 나누며

● 이기선(청소년문화의 집 팀장)

올 추석에 스님께 인사를 드리면서 "제가 스님 뵙기로는 시를 쓰지 않으실 것 같은데 정말로 대단하신 것 같습니다."라고 했더니, 스님께서는 "난 다면성을 지니고 있기 때문에 가능하다."고 대답하셨다. 그런 질문을 드린 건 사무실에서 뵐 때와는 사뭇 다르기 때문이다. 내가 너무 스님을 편향적으로 바라보고 있었는지도 모르겠다는 생각이 들었다. 가볍게 시집을 읽는다고 했는데도 시를 이해하려 하기보다는 스님을 이해하려고 하지 않았나 생각했다. 사회에 나와 청소년 포교를 하고 있지만 종교라는 특정적 구속감 속에서 쉽사리 나타내기 어려운 현실처럼 시집 또한 언어에 대한 선택에서 어려움이 있지 않을까 스님의 마음을 헤아려본다. 특히, 메인 시로 '그대를 그대 자신으로(피안)'

귀로 듣고
눈으로 보이는

용서는 나의 수행, 칭찬은 나의 기도

경계가
철저하게
자유의 문을
봉쇄하는데
그 가운데
비워둔 마음의 밭
가슴으로 즐기는
법의 음식 있어
나누어 먹는 사람들

(중략)

'피안'(사바세계 저쪽에 있는 깨달음의 세계)의 사전적 의미가 이러하
듯 종교를 가진 사람이라면, 오체투지를 하면서 한번쯤 생각했
을 법하다. 그 피안의 세계에서 법의 음식을 나누어 먹는다면 행
복하지 아니할 사람이 없을 것이다. 스님께서도 부처님의 불법과
포교를 이렇게 전하고 싶지 않았을까?
　또한 '여름밤 그 생명의 소리'에서는

모기 한마리가
백열등 불빛 밑으로 와서
협상을 했다
동침을 하자고

헛기침을 했다

(중략)

내 피는 뜨겁지도

달지도 않다고

더는 다가오지 않았다.

　이렇게 미물을 놓고 나도 고민을 안 해보지는 않았다. 그런 것
처럼 얼마나 많은 현실에서도 갈등들이 존재하고 있지 않을까
하는 생각이 들며, 시인의 말처럼 "말이 말장난이 되어지는 것이
아닌 하나의 생명체로 살아서 모든 이들의 가슴이 될 때 그때 나
는 그를 시라는 표현을 하고 싶다."고 하신 것처럼 스님의 시에서
는 멋을 부리고 치장하려는 기교가 없어 더 좋았으며, 글의 울림
을 통해 항상 깨어 있음을 말씀하시는 듯했다.

글을 통해 내면을 보다

• 이형석(청소년 지도사)

문화의집 서가 한 모퉁이, 시끌시끌한 문화의집에서도 약간은 여유롭고 주변의 시선에서도 자유로운 곳에 정운스님의 도서가 한 꼭지를 이루고 있습니다.

최근 작품인 『스님 요즘엔 뭘 하십니까』부터 『달을 보는 섬』, 『또 다른 이름 되어』, 『그대 그대 자신으로』, 『사람의 향기』 등 시집과 수필집이 가지런히 진열되어 학부모님들의 사랑을 받고 있습니다.

그중 저는 『달을 보는 섬』이란 시집이 눈에 들어 왔습니다.

시란 언어가 가지는 음율성과 축약적 의미 전달 등이 짧은 시간의 접촉을 통해 긴 여운을 가지게 합니다. 무엇보다 달을 보는 섬이란 제목이 가장 마음을 이끌게 되었습니다. 제목만으로 어스름한 저녁 하늘 외로이 홀로 떠 달을 바라보는 섬의 모습이 그려집니다.

그중에 한 구절을 읽어 보겠습니다.

하루 종일 몸을 앓던 날
아무도 없었습니다.
나는
내 껍질과 열심히 싸웠습니다.

보이는 것도 없었습니다.
죽음과 삶의 실체가

낮은 자리에 누워
들리는 것은 시계소리뿐이었습니다.

우리는 글을 통해 그 사람의 내면을 보게 됩니다. 정운스님의 다른 작품들도 마찬가지이지만 특히 달을 보는 섬에서는 자기 자신의 내면세계와 대면하는 정운스님의 모습을 들여다 볼 수 있었습니다. 좀 더 시적 언어를 통한 내면세계의 표현도 많이 있었습니다. 예를 들어 시집 제목과 같은

달을 보는섬
−간월도

두 날개에 덮인
한마리 학

용서는 나의 수행, 칭찬은 나의 기도

달 보고

한 생각

무지개 사이

우뚝 솟아버린

섬

소리

바다

달

일어난

바다 곁에

피어오르는

한 송이 연꽃

 붓다를 향한 스님의 모습처럼 달을 향한 섬의 모습을 한마리 학으로 한 송이 연꽃으로 표현하고 있습니다. 축약된 시적 언어를 통한 내면세계의 표현이 돋보이는 시라 할 수 있습니다.

 하지만 하루 종일 몸을 앓던 날에서는 번민과 혼돈을 자기 자신으로 상정하고, 또 몸을 앓던 날이라는 직접적인 표현으로 자기 자신을 향한 질책과 혼돈 속으로 몸을 던지는 치열한 싸움의 과정을 볼 수 있었습니다.

 마지막 구절에 '들리는 것은 시계소리뿐이었습니다'를 통해서 내면과의 싸움을 끝내고 자기 성찰을 이룬 자아의 평온함을 느끼게 되었습니다. 주변이 정리되고 마음이 정리되어야만 시계 소리를 들을 수 있듯이 그간의 번민과 혼돈을 끝내고 평온해진 화자의 마음이 느껴졌습니다. 이러한 평온한 마음은 '첫눈'에서 이어집니다. 마지막 시를 읊고 제 이야기를 마치겠습니다.

첫눈

하늘에서
땅끝까지
몇 줄기
눈발 같은 사랑이
소리되어
젖은
가슴을
휘어휘어 젓는다.

306.   용서는 나의 수행, 칭찬은 나의 기도

여러 분야에 도전하는 멋진 스님

• 최혜지(청소년 지도사)

안녕하십니까. 저는 청소년문화의집에서 청소년지도사로 근무하고 있는 최혜지입니다.

제가 대학을 졸업하고 첫 직장으로 이곳에 들어오게 되었는데 스님과 함께한 지도 어느덧 4년이란 시간이 다 되어가네요.

이런 뜻 깊은 자리에 함께할 수 있음에 먼저 감사함을 전합니다.

문화의집 1층에는 아이들이 좋아하는 만화를 비롯하여 소설, 수필, 여러 장르의 책들이 있습니다. 우연찮게 책 정리를 하다가 독특한 제목의 책을 한 권 보게 되었는데 그것이 바로 정운스님의 『스님 요즈음 뭘 하십니까』라는 책이었습니다. 그때까지는 스님이 책을 출판하셨다는 생각을 해보지 못했는데 그 책을 보면서 참 여러 분야에 도전하시는 멋진 분임을 알게 되었습니다.

『스님 요즈음 뭘 하십니까』라는 책에 이런 구절이 있었습니다.

"현실에서 자기에게 주어진 모든 것들을 다 인정하고 방향을 전환한다면 이보다 더 멋진 생활이 있을까 싶다."

문득 읽게 된 스님 책의 이 구절이 저를 참 많은 생각에 잠기게 했습니다. 과연 나는 주어진 모든 것들을 인정하고 만족하며 멋진 생활을 하고 있는가? 라고.

만약 나에게 주어진 모든 것을 감사하는 마음으로 내 주변 모든 것들을 대했다면 훨씬 내 삶은 더 윤택해지지 않았을까 라고 불현듯이 그 생각이 머리를 스쳤습니다.

생각해 보면 나에게는 사랑하는 가족이 있고, 전공을 살려서 직장도 다니고 있고, 마음을 나누는 친구들이 있고, 어디 크게 아픈 곳 없이 잘 지내는 것만으로도 감사해야 하는데 요즘의 나를 돌이켜보면 이런 사실을 늘 잊어버리고 투정부리기 십상이었습니다. 책을 읽으면서 나는 이런 소소한 모든 것들을 망각한 채 지내는 것은 아닌가 반성이 들었습니다.

4년 가까이 일하면서 어떤 분야든 늘 도전하시고 청소년들을 생각하는 마음과 청소년들에게 많은 것을 베풀고 싶어하시는 스님 모습을 보면서 그 한결같음에 고개가 숙여졌습니다. 지금부터라도 제게 주어진 모든 것들을 감사하게 생각하며 이런 마음들을 청소년들에게 많이 베풀고, 더 많은 인생 공부를 배우고 실천하여 가슴으로 세상을 좀 더 아름답게 볼 수 있는 사람이 되어 스님께 많은 도움이 되고 싶다는 생각을 해봅니다.

향기나는 스님

• 임현수(청소년 상담사)

　언제부터였는지 정확하지는 않지만 마음의 여유가 없어진 지 오래됨을 느낍니다. 언론매체에서는 연일 사람냄새 나지 않는 어지럽고 답답한 이야기들만 풀어놓고 있고, 대학교를 졸업하고 사회인이 된 지 얼마 되지 않은, 고민 많은 저 역시 이러한 현실과 다르지 않습니다.

　스님의 책은 이러한 저에게 어렸을 때로 소풍을 간 것 같이 가벼운 마음을 느끼게 하였습니다. 좀 더 여유를 가지고 저와 관련된 주변을 돌아보게 해준 그런 책이었습니다. 스님이 책을 쓰신 장소인 세원사 앞의 풍경들, 스님이 책에서 언급하셨던 스님과 인연을 맺었던 사람들의 소소한 생활 이야기, 스님이 자연과 삶 속에서 바라보신 그러한 일상적인 모습들이 제가 요즘 보고 싶은 그런 모습이기에 스님의 이야기에 더욱 빠져들게 되었습니다.

　처음 책을 손에 들었을 때 눈앞에 보였던 『사람의 향기』라는 제목의 첫 느낌. 그 느낌을 한 단어로 표현하라고 한다면 '편안함'일 것입니다. 이 책을 읽고 나서 잠시 잊고 있었던 나란 사람, 그리고 내가 인연을 맺었던 주변 사람, 당연함에 소중함을 느끼지 못했던 자연 등 일상생활에서 스쳐 지나갔던 것들에 대한 생각에 잠겼습니다. 잠시 스쳐 지나갔던 인연에서 지금 현재까지 이어져오고 있는 인연, 온전히 사람 대 사람으로 따뜻한 정이 오고가는 소소한 일상, 잊혀 있었던 그 사람들이 떠올랐습니다.

산에 사는 나무도 그 자리에서 자신의 향기를 풍기고 있고, 마을을 감싸 흐르는 강도, 산과 산 사이에서 불어오는 산바람도, 들판에 피어 있는 들꽃들도 각자의 자리에서 자신을 뽐내며 자신만의 향을 내고 있습니다. 이런 향기가 어디 자연만은 아닐 것입니다. 만선을 기대하며 새벽부터 바다로 향하는 어부의 땀방울에서도, 가을의 황금들판을 기대하며 땀을 흘리는 농부들의 노력에서도 사람의 향기가 날 것입니다. 저 역시 제가 맡은 일에 최선을 다하며 세상에서의 역할을 다하고 제 주변에 대한 감사함을 지니고 소중히 지키며 살아간다면 저에게서도 사람의 향기가 나지 않을까 생각해 봅니다.

아름다운 꽃이 피어 있거나 탐스러운 과일이 달린 나무 주변에는 어김없이 길이 나 있습니다. 그 모습에 사람들이 저절로 모여들기 때문일 것입니다. 그와 마찬가지로 아름답고 향기나는 사람에게는 사람이 따르는 것은 당연한 일이 아닐까 싶습니다. 내가 좀 손해 보더라도 상대를 위해 아량을 베푸는 너그러운 사람, 언제나 은은한 향기가 풍겨져 나오는 사람 늘 친근하고 스스럼없이 다가갈 수 있는 분이 제가 모시고 있는 스님이 아닐까 생각합니다.

소소한 일상과 인연에 감사하며 이러한 것들을 소중히 여기고, 각자의 삶에서 맡은 역할에 최선을 다하는 과정 속에서 풍기는 그런 따뜻한 향기, 그래서 그런지 스님의 책에서는 스님의 향기가 나는 듯합니다.

용서는 나의 수행,
칭찬은 나의 기도

초판 1쇄 발행일	2020년 10월 7일
초판 2쇄 발행일	2021년 4월 15일
글 · 사진	정운스님
발행인	정호스님
발행처	대한불교조계종 불교신문사
책임편집	여태동
편집제작	선연
디자인	김형조
출판등록	2007년 9월 7일(등록 제300-207-133호)
주소	서울시 종로구 우정국로 67 전법회관 5층
전화	02)733-1604
팩스	02)3210-0179
e-mail	tdyeo@ibulgyo.com

ⓒ 2020, 정운스님

ISBN 979-11-89147-10-5 03220

값 16,000원

※ 이 책에 실린 내용은 무단으로 복제하거나 전재할 수 없습니다.
※ 잘못된 책은 교환해 드립니다.